왜 월나라 왕은 와신상담 했을까?

교과서 속 역사 이야기, 법정에 서다

08
역사공화국
세계사법정

부차 vs 구천

왜 월나라 왕은
와신상담
했을까?

글 신동준 · 그림 박종호

㈜ 자음과모음

춘추 전국 시대는 크게 춘추 시대와 전국 시대로 나뉜다. 춘추 시대는 주(周)나라가 동쪽 낙읍(현재의 뤄양)으로 수도를 옮긴 기원전 770년부터 진(晉)나라가 셋으로 쪼개져 주나라 왕실로부터 공식 승인을 받는 기원전 403년까지의 시기를 말한다.

춘추 시대에는 모두 다섯 나라에서 뛰어난 인물이 등장해 천하를 호령했는데 이들을 '춘추 5패'라 한다. 춘추 시대 전기는 '존왕양이 (尊王攘夷)'를 기치로 내걸고 '왕도(王道)에 가까운 패도(覇道)'를 추구한 것이 특징이다. '왕도'는 덕으로 다스리는 덕치(德治), '패도'는 힘으로 다스리는 역치(力治)를 말한다. '왕도에 가까운 패도'는 비록 패도를 중시하기는 하나 왕도를 전면에 내세우는 경우를 말한다. 춘추 시대 후기는 전기와 달리 '패도'와 '역치'가 두드러지게 나타난 것이 특징이다. 이런 경향은 전국 시대에 더욱 강화되었다. '왕도'가 사라지고 '패도'만이 남은 전국 시대의 배경이 여기에 있다.

학계에서는 오나라와 월나라가 천하의 패권을 놓고 치열한 경쟁을 벌인 이 시기를 '오월 시대(吳越時代)'라고 부른다. 오나라가 남쪽 지역의 강국으로 등장하는 기원전 7세기 초에서 기원전 6세기 초까지 약 100년 동안에는 월나라가 천하의 패권을 차지했지만 후에 두 나라는 서로 치열한 경쟁을 벌여 결국 월나라가 오나라를 제치고 천하를 호령하게 되었다. 이때 오나라 왕 합려와 부차, 그리고 월나라 왕 구천과 관련한 수많은 일화가 만들어졌다.

불편한 섶에 몸을 눕히고 쓸개를 맛본다는 '와신상담(臥薪嘗膽)'이라는 고사성어가 보여 주듯이 오월 시대에는 수단과 방법을 가리지 않고 권력을 쟁취하는 일이 흔했다. 오나라의 오자서와 백비를 비롯해 월나라의 문종과 범려 등의 행적이 이를 뒷받침한다. 이들은 '왕도에 가까운 패도'가 아닌 '왕도와 동떨어진 패도'를 구사했다. 그러나 오월 시대를 대표하는 인물은 역시 부차와 구천이라고 할 수 있다.

당시 왕도를 좇은 부차와, 패도를 추구한 구천은 여러 면에서 대조적인 모습을 보였다. 많은 역사가가 혼란스럽던 시기에 '왕도'의 행보를 보인 부차는 어리석었고, '패도'의 행보를 보인 구천은 현명했다는 식의 평가를 내렸다. 그러나 이런 평가가 과연 타당한 것일까? 구천을 살려 주었다가 도리어 그것이 화가 되어 끝내 스스로 목숨을 끊게 된 부차. 온갖 수치를 참으며 실력을 키운 끝에 마침내 생명의 은인이었던 부차를 누르고 패권을 차지한 구천! 춘추 시대와 전국 시대를 잇는 오월 시대를 화려하게 수놓은 두 사람의 엇갈린 행보와 운명을 과연 어떻게 평가하는 것이 옳을까?

부차가 마침내 구천을 상대로 역사공화국 법정에 소송을 제기하고 나섰다. 그는 오월 시대의 진정한 패자(覇者)가 누구였는지 가려 달라는 이른바 '패자 확인의 소'를 제기했다. 원고 측 증인으로는 오월 시대에 첫 패업을 이룬 합려와, 원고 부차가 패업을 이루는 데 지대한 공헌을 한 오자서, 그리고 구천에게 '토사구팽(兎死狗烹)'을 당한 문종 등이 등장한다. 한편 피고 측 증인으로는 구천이 패업을 완성하는 데 결정적인 도움을 준 범려와, 부차를 패망으로 이끈 백비 등이 나온다.

독자 여러분은 원고와 피고가 세계사법정에서 펼쳐 보이는 치열한 공방전을 지켜보면서 나름대로 판단을 내려 보기 바란다.

신동준

차례

춘추 전국 시대는 주의 세력이 약화되고 중국이 여러 개의 나라로 나뉘어 서로 경쟁하고 있을 때를 말한다. 이 시기에는 철이 널리 사용되기 시작하여 철로 만들어진 단단한 농기구가 사용되어 농업이 크게 발달하고, 날카로운 철제 무기가 보급되면서 전투력이 향상되고 전쟁의 규모가 커졌다.

중학교   역사

VII. 통일 제국의 형성과 세계 종교의 등장
   1. 중국의 통일 제국 진과 한
       〈춘추·전국 시대에 큰 변화가 일어나다〉

춘추 전국 시대에는 나라 사이의 전쟁이 치열해지면서 각국은 훌륭한 인재를 찾아 등용하고 국력을 기르기 위하여 힘썼다. 이 때 나타난 여러 사상가를 '제자백가'라 부른다.

주의 건국에서부터 유왕 때까지를 서주라고 하고, 뤄양으로 수도를 옮긴 때부터 진이 전국을 통일하기 전까지를 동주라고 한다. 동주 시대는 다시 춘추 시대와 전국 시대로 나눠진다.

고등학교	세계사	II. 도시 문명의 성립과 지역 문화의 형성 3. 중국 문명의 성립 (2) 춘추·전국 시대의 변혁과 제자백가

춘추 시대 중기부터 철기가 사용되었으며 철기가 보급되자 농업 생산력이 높아지고 상업이 발달하며 각종 화폐가 사용되었다.

춘추 시대는 여러 패자들이 등장하며 왕 대신 힘을 나누어 가졌다. 제 환공, 진 문공, 초 장왕, 오왕 합려, 월왕 구천은 춘추 5패라고 불린다. 패자는 제후들의 모임에서 추대하였으며, 그때 주 왕실을 오랑캐로부터 지킨다는 명분이 내걸렸다.

기원전

2000년경	크레타 문명 발생
1400년경	미케네 인이 크레타 문명 정복
1100년경	그리스에 도리아 인 이주 그리스 암흑시대 시작
1000년경	주나라 건국
800년경	폴리스 성립
770년경	주나라, 낙읍으로 천도
	춘추 전국 시대 열림
650년경	아테네, 참주정 시작
594년	솔론의 개혁
551년경	공자의 탄생
497년	월 왕 윤상 죽음 구천이 뒤를 이음
496년	합려, 구천에게 패해 사망
494년	구천, 부차에게 항복
473년	부차 자결함, 오나라 멸망
465년	구천 사망
221년경	진나라, 중국 통일
202년경	한나라 건국

기원전

2333년경 단군, 고조선 건국

2000년경 후기 신석기 문화 형성

1500년경 중국 동북 지방에 청동기 문화 전래 ┈┈┈

800년경 고조선의 수도를 왕검성에 정함

300년경 철기 문화 시작
연나라의 고조선 침입

200년경 삼한 시대 시작

195년경 위만, 고조선에 망명

194년경 위만 왕조 성립

109년경 한무제, 고조선 침략 ┈┈┈

108년경 고조선 멸망, 한4군 설치

원고 부차(?~기원전 473년, 재위 기간 : 기원전 496년~기원전 473년)

나는 춘추 시대 말기 오나라의 왕 부차라 하오. 나의 아버지 합려는 월나라 왕 구천에게 패해 목숨을 잃었다오. 그래서 나는 아버지 합려의 유언을 받들어 월나라의 구천을 굴복시켰소. 그런데 구천의 목숨을 안타깝게 여긴 나는 그를 살려 주었건만 그는 은혜도 모르고 이를 원수로 갚았다오.

원고 측 변호사 제왕도

중국에 관한 역사라면 바로 나, 제왕도 변호사가 전문가지요. 이번에도 멋지게 승리해 저 풋내기 강패도 변호사의 코를 납작하게 만들어 버리겠소.

원고 측 증인 합려

나는 부차의 아버지이자, 오나라를 처음으로 역사에 등장시킨 오나라의 왕 합려라 하오. 내 비록 구천에게 패해 목숨을 잃긴 했지만, 나야말로 오나라의 세력을 중원까지 드넓힌 진정한 패자라 할 수 있소.

원고 측 증인 오자서

나는 초나라 사람이었으나 아버지와 형이 억울하게 살해당한 뒤 오나라를 섬긴 오자서라 하오. 합려를 성심껏 보좌해 오나라를 강대국으로 키우고 초나라를 쳐서 복수에 성공했지요. 하지만 부차는 좀 다르더군요. 부차도 그의 아버지처럼 내 말에 귀를 기울였다면 좋았으련만…… 그는 결국 백비의 꼬임에 넘어가 나를 자결케 했지요.

원고 측 증인 문종

나는 오나라 왕 합려가 천하를 호령할 때, 월나라가 살아남으려면 반드시 오나라를 제압해야 한다고 말해 승리를 이루었습니다. 하지만 오나라를 제압한 구천은 곧 나를 죽음으로 내몰았습니다.

피고 구천(?~기원전 465년, 재위 기간 : 기원전 496년~기원전 465년)

나는 월나라의 왕 구천이오. 나는 오나라와의 콰이지산 전투에서 패해 한때 오나라 왕 부차의 신하로 지냈다오. 이때 부차에게 받은 굴욕을 씻기 위해 부단히 노력했고 결국 오나라를 패망시키는 데 성공했소. 혼란스럽던 춘추 시대에 왕도보다는 패도를 내세워 결국 패왕의 칭호를 얻었다오.

피고 측 변호사 강패도

지난번 '순자 vs 맹자'의 재판이 처음 맡은 터라 아쉬움이 많았습니다. 그러나 나, 강패도 변호사는 이번에 맡은 '부차 vs 구천'의 재판에서는 제대로 변론하여 젊은 변호사의 패기를 톡톡히 보여 드리지요!

피고 측 증인 백비

나는 원래 초나라 사람인데 오자서의 천거로 오나라의 대부가 되었습니다. 몇몇 사람들은 나를 '간신'이라고 비난하기도 하던데, 나야말로 합려를 오월 시대의 첫 패자로 만든 일등 공신이지요.

피고 측 증인 범려

월나라의 대부인 문종의 추천으로 피고 구천을 섬기게 되었지요. 구천이 콰이지 전투에서 패한 후 그와 함께 오나라에 인질로 잡혀 있었지만, 지략을 짜내 구천과 함께 월나라로 돌아갈 수 있었어요.

판사 정역사

역사공화국에서 공명정대하기로 유명한 판사 정역사입니다. 내가 할 일은 역사의 진실을 밝히고, 억울한 영혼의 원한을 풀어 주는 것이라고 생각합니다. 이번 재판에서도 꼭 공정한 판결을 내리도록 하겠습니다.

"와신상담이라……
알겠다! 월나라의 구천이군요?"

제왕도 변호사는 책상에 엎드려 한가로이 날아다니는 파리를 눈으로 좇고 있었다. 그는 순자를 상대로 한 지난 재판에서 승소를 한 뒤 마치 휴식기를 갖듯 한동안 찾는 사람이 없었다.

"일거리도 없고, 유일한 취미이자 특기인 역사책 읽는 것도 요즘은 별로 흥미가 없고……. 아, 심심해. 역사공화국에서 나만큼 역사 공부를 많이 한 변호사도 찾기 어려울 텐데. 답답한 심정을 풀고 싶은 영혼들이 이토록 없다는 말인가?"

눈으로 좇던 파리가 책상 모서리에 앉자 제왕도 변호사는 슬며시 고개를 들며 신문을 돌돌 말아 '찰싹' 파리를 향해 내리쳤다. 그러나 파리는 그의 공격을 피해 유유히 허공으로 날아갔다.

"에이, 파리 한 마리도 제대로 못 잡는단 말이야?"

제왕도 변호사는 파리가 날아간 곳을 노려보며 중얼거렸다. 그는 자세를 고쳐 앉으며 둘둘 만 신문지를 펼쳤다. 그리고 천천히 기사를 읽어 나가기 시작했다. 그때 신문 한구석에서 '오늘의 인물' 란에 있는 낯익은 이름이 눈에 들어왔다.

'젊은 패기로 법정을 호령힌 강패도 변호사'

"강패도라……."

제왕도 변호사는 신문에 고개를 파묻고 한 줄 한 줄 열심히 기사를 읽어 내려갔다.

역사공화국 세계사법정의 강패도 변호사가 얼마 전 신고식을 치렀다. 강패도 변호사는 춘추 전국 시대에 이름을 떨친 순자의 변호를 처음으로 맡아 맹자의 변호를 맡은 노련한 제왕도 변호사를 상대로 팽팽한 변론을 해냈다. 그는 법정에서 날카로운 눈매를 번득이며 피고의 허를 찌르는 질문과 신문으로 배심원과 방청객의 감탄을 자아냈다. 이번 재판을 비록 승리로 이끌지는 못했지만 강패도 변호사가 보여 준 젊은 패기와 새로운 신문 방법은 앞으로 많은 기대를 모으기에 충분했다…….

"쳇, 승소하지도 못한 풋내기 변호사가 뭐 그리 대단하다고, 이렇게까지……."

제왕도 변호사는 눈살을 찌푸리며 신문을 탁 덮었다. 한편으로 승소한 것이 정말 다행이었다는 생각이 들었다. 제왕도 변호사가 그날의 재판을 떠올리며 생각에 잠겨 있는데 사무실 문이 벌컥 열리며 웬 사람이 들어섰다.

"아이고, 깜짝이야! 누구세요?"

느닷없이 사무실에 들어온 사람은 긴 콧수염에 날카로운 눈, 한일 자로 굳게 다문 입이 한눈에 보기에도 예사롭지 않은 모습이었다.

"제왕도 변호사시오?"

"네, 그런데요?"

"허허, 놀라게 해서 미안하오. 노크를 했는데 아무 소리가 없어 불쑥 들어왔소이다. 나는 지난번 순자 대 맹자의 재판을 아주 재미있게 본 사람이오. 젊은 강패도 변호사에게 호기심이 없는 것은 아니지만 나는 노련하게 변호하는 당신이 더 믿음이 갑니다. 물론 승소도 했고."

"아, 예. 감사합니다."

"요즘 좀 한가하다고 들었습니다만……."

불쑥 찾아온 손님은 말끝을 흐리며 제왕도 변호사의 눈치를 살폈다.

"아닙니다. 그냥 좀 쉬고 싶어서 일을 맡지 않고 있었을 뿐입니다."

"그런 겁니까? 그럼 나도 다른 변호사를 찾아가야 하는 거요?"

"아…… 아니, 왜 그러십니까? 이왕 오셨으니 어떻게 오셨는지 한번 말씀을 해 보시지요. 아, 일단 여기에 앉으세요."

제왕도 변호사는 오랜만에 찾아온 손님을 놓치고 싶지 않았다. 그는 서둘러 녹차 한 잔을 가져와 손님 앞에 내려놓으며 물었다.

"그런데 무슨 일로 저를 찾아오셨는지요?"

"내가 당신을 왜 찾아왔겠소? 당신에게 소송을 의뢰하려고 이 먼 길을 온 것 아니겠소? 승소하면 제왕도 변호사는 물론이지만 나의 명예를 단번에 회복할 수 있는 소송이라오."

"그런데, 지…… 누구신지요?"

"그렇군. 아직 내가 누구인지 밝히지도 않았군요. 미안하오. 나는 오나라의 왕이었던 부차라고 하오."

"아니, 오나라의 부차요? 『오월춘추』와 『사기』에 나오는 그 부차라는 말씀이신가요? 아이고, 몰라 뵈어서 죄송합니다. 한동안 중국사에 흠뻑 빠져 지낼 때 그 책들을 여러 번 읽었는데 말입니다. 그건 그렇고 소송을 걸려는 사람은 누구……? 누굽니까?"

제왕도 변호사가 흥분해서 다그치자, 부차는 자세를 고쳐 앉으며 뜸을 들였다.

"그게…… 내가 소송을 걸려는 이는 **와신상담**이라는 고사성어와 관련된 사람인데……."

"와신상담이라…… 가시가 많은 나무에 누워 자고, 쓰디쓴 곰의 쓸개를 핥으며 패배의 굴욕을 되새겼다는…… 아, 알겠다! 월나라의 구천이군요."

제왕도 변호사가 손뼉을 치며 밝은 목소리로 말하자 부차는 고개를 끄덕였다.

"그렇소. 배은망덕한 놈이지. 생각만 해도 치가 떨리는군! 어흠."

"부차 님 입장에서야 배은망덕하다고 할 만하지만⋯⋯. 사마천의 『사기』를 보면 구천은 와신상담 끝에 오나라를 물리치고 패왕의 칭호를 얻은 현명한 왕이라고 되어 있던데요."

"뭐라? 『사기』는 그야말로 사기 치는 책이로군! 나를 두고는 '하늘이 준 기회를 차 버린 탓에 스스로 재난을 불러일으켰다'고 비난하고 있다지 아마. 내 잘못은 구천을 살려 준 것밖에 없는데 말이야!"

부차는 목이 타는지 앞에 놓인 녹차를 벌컥 들이켰다.

'구천이라⋯⋯. 과연 승산이 있는 싸움일까? 사실 『사기』를 읽으

　　왜 월나라 왕은 와신상담했을까?

면서 의문스러운 점이 있긴 했어.'

제왕도 변호사가 잠시 생각에 잠겨 있는 동안 부차는 녹차 잔을 내려놓고 사무실을 휘 둘러보았다.

"그런데 에어컨이 고장이라도 났소? 아이고, 덥다. 더워!"

"아, 그게…… 죄송합니다. 전기 절약 차원에서 30도 이상 되는 날만 틀기로 한 터라……."

제왕도 변호사는 얼른 일어나 한쪽 구석에 있던 선풍기를 가져다 틀고는 제 콧등에 흐르는 땀을 손으로 쓱 닦았다.

"내 원 참, 그건 그렇고. 어떻소? 이 소송을 맡을 생각이 있소, 없소?"

"음, 어려운 싸움이 되겠습니다만, 힘든 일일수록 보람은 커지는 법이니, 맡도록 하겠습니다!"

"고맙소. 난 제왕도 변호사만 믿겠소이다."

"그럼, 이제부터 자세한 얘기를 좀 해 볼까요?"

"그럽시다! 이만하면 나도 옛날에 구천이 그런 것처럼 때가 올 때까지 모진 굴욕을 견뎌 냈다고 할 수 있지. 암! 이제는 내가 와신상담을 할 차례라오. 제왕도 변호사, 우리 한번 잘해 봅시다!"

부차가 제왕도 변호사의 손을 덥석 잡고 흔들었다. 제왕도 변호사도 덩달아 손을 흔들며 굳게 다짐했다.

'기다려라! 세계사법정의 변호사 중 진정한 패자가 누구인지 이번에도 제대로 보여 줄 테니.'

패왕
패자(霸者)와 왕자(王者)를 아울러 이르는 말로, 어떤 분야에서 으뜸이 되는 사람을 비유적으로 이르는 말이지요.

춘추 5패, 힘겨루기를 계속하다

중국의 주나라 때 유목 민족이 침입하여 수도가 함락되는 일을 겪게 됩니다. 이 일로 힘이 약해진 주나라는 수도를 동쪽으로 옮기게 되었는데, 이때부터를 '동주'라 불렀지요. 주나라 왕실의 권위는 무너지고 이 빈자리를 여러 제후가 나누어 차지하게 됩니다. 이것이 바로 우리가 알고 있는 '춘추 전국 시대'입니다.

춘추 전국 시대는 역사책인 『춘추』와 『전국책』에서 따온 말로, 춘추 시대와 전국 시대로 다시 나뉩니다. 춘추 시대에 서로 힘을 겨루던 제, 진, 초, 오, 월을 가리켜 '춘추 5패'라고 부르지요. 당시의 상황이 얼마나 혼란스러웠는지는 기록에 남겨진 전쟁의 횟수가 1200회가 넘는 것을 보면 알 수 있습니다. 그만큼 서로 간의 다툼이 많았고 힘겨루기가 심했던 것이지요. 실제 『사기』라는 역사책에 따르면 오나라와 초나라의 국경에 서 있는 뽕나무 소유에 관한 시비가 원인이 되어 대규모 전투가 벌어지기도 했다고 합니다.

춘추 시대에 가장 강력한 나라는 진나라였고, 이와 버금가는 나라는 양자강 유역에서 새롭게 성장한 초나라였습니다. 그래서 춘추 5패를 논할 때에는 진의 문공과 초의 장왕을 빼놓을 수 없지요. 그런데 이 초나라의 남쪽에는 오나라와 월나라가 있었습니다. 이 두 나라의 약진으로 초나라가 위기를 맞은 적도 있었지요. 때문에 오의 합려와 그의 아들 부차, 월 왕인 구천 역시 춘추 5패로 거론되는 것입니다.

후대의 학자들은 춘추 시대에 철기가 보급되면서 전투가 더 치열해졌다고 보고 있습니다. 청동기보다 날카롭고 단단한 철기가 보급되면서 칼이나 창과 같은 무기가 만들어졌기 때문이지요. 특히 근래에는 무덤을 발굴하던 도중 월나라 왕 구천의 검이 실제로 발견되어 사람들을 놀라게 하기도 했지요. 2400여 년이 지난 지금도 칼날이 예리하게 빛나고 있었고, 무늬 역시 섬세하기 이를 데 없었기 때문입니다.

| 원고 | 부차 | 대리인 | 제왕도 변호사 |
| 피고 | 구천 | 대리인 | 강패도 변호사 |

청구 내용

춘추 시대 말기, 월나라의 왕이었던 구천은 '콰이지 전투'(기원전 494년)에서 패하자 오나라의 왕이었던 바로 나, 부차의 노비가 되어 충성을 다하겠다며 살려 달라고 애걸복걸했습니다. 나는 한때 일국의 군주로 있던 구천이 목숨을 건지기 위해 손이 발이 되도록 비는 것을 차마 못 본 척할 수 없었습니다. 그래서 그를 살려 주었지요.

이후 구천은 불평 한마디 하지 않고 묵묵히 일하며 나에게 충성스런 모습을 보였습니다. 나는 그의 거짓 충성에 깜박 속아, 그를 다시 고국인 월나라로 돌려보내 계속 왕 노릇을 하게 해 주었습니다. 그런데 구천은 우리 오나라와 나, 부차에게 설욕하기 위해 병사를 키우고 은혜를 원수로 갚아 나를 죽음으로 내몰았지요.

그런데도 후대 사람들은 그러한 구천을 '춘추 5패' 중 한 명으로 꼽으며 높이 평가하고 있습니다. 또한 역사가 사마천은 『사기』에서 나를 두고 '하늘이 주는 기회를 스스로 차 버린 탓에 오나라의 멸망을 불러왔다'고 비난했습니다.

그런데 나의 잘못이 도대체 무엇이란 말입니까? 내가 잘못한 게 있다면 피고 구천을 살려 준 것밖에 없습니다.

나, 부차는 비열한 속임수로 패자의 자리에 오른 구천이 계속 존경받는다면 21세기의 미래는 어두울 수밖에 없다고 생각합니다. 이에 이곳, 세계사법정에서 '패자 확인의 소'를 통해 구천을 '춘추 5패'의 명단에서 제외하고, 내 명예를 되찾아 줄 것을 요청하는 바입니다.

입증 자료

- 중학교 역사 교과서
- 고등학교 세계사 교과서
  그 외 자료 추후 제출하겠음.

위 청구인 부차
역사공화국 세계사법정 귀중

오월 시대는
어떻게 시작된 것일까?

1. 오나라는 언제 역사에 등장했을까?
2. 월나라는 언제 역사에 등장했을까?

1

오나라는 언제
역사에 등장했을까?

"월나라 왕 구천을 '춘추 5패'의 명단에서 빼 달라는 소송이 제기되었다고?"

"그러게 말일세. 오나라 왕이었던 부차가 월나라 왕 구천이 '춘추 5패'의 명성에 먹칠을 했다며 고소장을 냈다는 거야!"

방청석이 소란스러워지자 법정 경위가 장내를 정리하고 나섰다.

"일동 기립! 판사님이 들어오십니다. 모두 조용히 해 주세요."

검은 법복을 입은 판사가 천천히 법정으로 들어오자, 법정 안의 사람들이 모두 일어섰다. 정역사 판사는 주위를 한번 둘러보고 말했다.

판사 　　　　자, 모두 자리에 앉으세요. 그럼 이제부터 부차 대 구천의 재판을 시작하도록 하겠습니다. 원고 측 변호인, 오늘 사건의 내용은 뭔가요?

제왕도 변호사　원고는 춘추 시대 말기 오나라의 왕이었던 부차입니다. 원고는 월나라의 왕이었던 피고 구천이 과연 춘추 5패의 일원이 될 자격이 있는지를 가려 달라며 소송을 걸었지요. 존경하는 재판장님, 그리고 배심원 여러분! 먼저 말씀드리고 싶은 것은 피고는 처음부터 끝까지 간사한 방법을 써서 패자의 자리에 올랐다는 것입니다. 춘추 5패 중에 이렇게 비열한 수법을 쓴 사람은 피고밖에 없습니다. 이에 원고를 불러 직접 그 사연을 들어 보고자 합니다.

판사　네, 알겠습니다.

"구천이 어떤 비열한 짓을 했다는 거지?"

"글쎄 말이야. 월나라 왕 구천은 '와신상담'의 주인공으로 널리 존경받고 있잖아."

법정 안이 다시 소란스러워지자 판사가 제지하고 나섰다.

판사　조용히 해 주세요! 원고 부차는 직접 자기소개를 한 뒤 사건을 간략하게 말씀해 주시지요.

부차　안녕하시오. ▶나는 춘추 시대 말기, 오나라의 마지막 왕이었던 부차라 하오. 나의 아버지 합려는 기원전 496년 월나라로 쳐들어갔다가 월 왕 구천에게 패해 부상을 입고 그만 죽고 말았소. 나는 이를 분하게 여겨 밤낮으로 힘을 길러 다시 월나라를 공격해 콰이지산에서 승리를

교과서에는

▶ 춘추 전국 시대는 주나라가 허약해진 틈을 타 지방의 실력자들이 제각기 서로 치열하게 싸웠던 혼란의 시대였습니다. 주나라가 수도를 동쪽으로 옮긴 때부터 진에 의해 통일된 때까지 약 500여 년이나 계속되었지요.

배은망덕
남에게 입은 은혜를 잊고 배신하
는 것을 말합니다. 여기서는 피고
구천이 자신을 살려 준 원고 부차
의 은혜를 저버리고 후에 부차가
구천에게 패했을 때 스스로 목숨
을 끊게 만든 일을 말하지요.

거두었소. 이로 인해 월 왕 구천은 내 하인이 되었고, 월나
라는 영원히 오나라에 충성할 것을 다짐했지요. 그래서 나
는 이를 진심으로 믿고 구천을 다시 월나라로 돌려보내 왕
노릇을 하게 해 주었습니다.

제왕도 변호사   원고는 구천이 적국의 왕이었는데도 너
그러이 보내 준 것이군요.

부차   그렇지요. 그런데 세상에 믿을 사람 하나 없다더니, 그 말이
바로 저기 나와 있는 피고 구천을 두고 하는 말이었지요. 나는 구천
의 맹세를 믿고 그를 다시 월나라로 보내 주었습니다. 그런데 20여
년이 지나고, 내가 한창 중원을 정복하는 일에 몰두하고 있는 사이
우리 오나라를 침공했고 결국 우리 오나라는 월나라에 패하고 말았
지요.

제왕도 변호사   그럼 피고 구천이 원고에게 보였던 충성과 맹세는
다 거짓이었다는 말이군요.

부차   두말하면 잔소리지요. 구천은 나를 안심시켜 놓고 뒤에서
칼을 갈았던 것입니다. 그는 은혜도 모르는 **배은망덕**(背恩忘德)한 놈
일 뿐 아니라 나라 사이의 신의도 저버린 아주 비겁한 놈입니다.

강패도 변호사   판사님, 원고는 지금 피고에게 '놈'이라 하며 모욕
하고 있습니다. 원고의 표현에 주의를 주시기 바랍니다.

판사   인정합니다. 원고는 여기가 법정이라는 사실을 잊지 마시기
바랍니다. 원고는 변론에 있어 언행에 조심해 주세요.

부차는 판사의 주의를 듣자 당황하여 얼굴을 붉혔다. 그러자 제왕도 변호사가 얼른 자리에서 일어나 말을 이었다.

약육강식
약한 자가 강한 자에게 먹힌다는 뜻입니다. 강한 자가 약한 자를 희생시키거나, 약한 자가 강한 자에게 끝내 멸망함을 이르는 말이지요.

제왕도 변호사   존경하는 판사님, 지금 원고를 통해 직접 들으셨듯이, 원고 부차는 은혜를 베풀어 구천을 살려 주었습니다. 그런데 구천은 오히려 원고를 배반하고 전쟁을 일으켜 오나라를 무너뜨리고 중원의 패자가 되었습니다. 이에 저는 원고의 억울한 심정을 풀어 주는 것은 물론이고 피고를 춘추 5패의 명단에서 뺄 것을 요청드리는 바입니다.

부차   그렇소. 구천은 간사한 수법으로 패자가 되었소. 그래서 역대 패자들의 명성에 먹칠을 했지요. ▶만일 구천이 비열한 수법으로 패자가 되어 천하를 호령하는 일이 없었다면, **약육강식(弱肉强食)**의 논리가 지배하는 전국 시대도 오지 않았을 거요.

"구천이 패자가 된 데는 뭔가 의심할 만한 일이 있었던 게 틀림없어!"

"뭐가 의심스럽다는 거야? 뚜렷한 증거가 나온 것도 아니잖아?"

방청객들의 웅성거림으로 시끄러워지자, 다시 제왕도 변호사가 나섰다.

제왕도 변호사   피고 구천은 원고가 패자의 자리에 오르

교과서에는

▶ 춘추 시대는 제후들이 주 왕실의 권위를 인정하며 경쟁하던 시대였으므로 전쟁은 그다지 많이 일어나지 않았습니다. 하지만 전국 시대에 들어서면서부터는 각 제후국들이 부국강병을 추진하였지요. 그 때문에 제후국들 사이에 전쟁이 그칠 날이 없었습니다.

믿는 도끼에 발등 찍힌다
잘되리라고 믿었던 일이 어긋나
거나 보고 있던 사람이 배반하여
오히려 해를 입음을 이유적으로
이르는 말입니다.

는 감격스런 순간에 오나라를 침공했습니다. '믿는 도끼에 발등 찍힌다'는 속담이 바로 이런 경우를 두고 하는 말이지요. 판사님, 이 사건을 논하기 전에 오나라가 어떻게 힘을 키웠는지를 알아보기 위해 원고의 아버지인 합려를 증인으로 부르고자 합니다.

판사 좋습니다. 증인 합려는 나와서 선서해 주세요.

합려 선서, 나 합려는 신성한 법정에서 진실만을 말할 것을 맹세하오.

제왕도 변호사 증인, 만나서 반갑습니다. 먼저 간략히 자기소개를 해 주시겠습니까?

합려 나는 오나라를 역사에 등장시킨 오 왕 수몽의 손자이자 원고 부차의 아버지인 합려라 하오. 나는 왕이 된 후, 막강한 무력으로 초나라를 치고 남쪽의 패자가 되었소.

제왕도 변호사 여기서 먼저 배심원들의 이해를 돕기 위해 오월 시대의 역사를 간략히 살펴보고자 합니다. 원고 부차와 피고 구천은 기원전 5세기 말부터 기원전 4세기 중엽에 이르는 반세기 동안 전쟁을 계속했습니다. 아버지인 오 왕 합려와 월 왕 윤상의 뒤를 이어 기나긴 싸움을 이어 나갔지요.

합려 맞소. 원래 오월 시대가 시작되기 전에는 북쪽의 진(晉)나라와 남쪽의 초(楚)나라가 서로 대립했는데 이를 '진초 시대'라 하오. 그러다 기원전 6세기 말에 내가 왕위에 오른 후부터 오월 시대가 열렸소. 내가 역대 패자들과 마찬가지로 '왕도에 가까운 패도'를 구사한 결과였지요.

제왕도 변호사 왕도에 가까운 패도라고요? 그럼 본격적으로 재판을 하기에 앞서 먼저 '왕도'와 '패도'에 대해 설명해 주시지요.

합려 왕도는 덕으로 나라를 다스리는 것을 말하고, 패도는 '역치(力治)'라고도 하며 힘으로 백성을 다스리는 것을 말하오. '왕도에 가까운 패도'란 비록 패도를 구사하나 왕도를 앞에 내세우는 것을 말하는 것이오. 춘추 시대 전기에는 왕도를 중요하게 생각했지만 후기에는 전기와 달리 패도가 두드러지게 나타났소. 그래서 전국 시대에는 마침내 '왕도'가 아예 사라지고 오직 '패도'만이 남게 되었다오.

제왕도 변호사 네, 설명 잘 들었습니다. 자, 그러면 오월 시대에 대해 계속 말씀해 주시지요.

합려 기원전 7세기 초, 우리 오나라는 점차 남방의 강국으로 위세를 떨치고 있었소. 그리고 기원전 6세기 초, 월나라가 우리 오나라를 대신해 천하의 패권을 차지했는데, 기원전 7~6세기에 이르는 약 100년간의 이 시기를 바로 오월 시대라 말한다오. 오월 시대는 비록 100년에 그쳤으나 중국의 역사에서 매우 중요한 시기에 해당한다고 말할 수 있소. 중국 경제의 중심지로 자리 잡은 상하이(上海)와 쑤저우(蘇州), 항저우(杭州) 등의 창강(長江, 양쯔 강의 옛 이름) 경제 벨트의 원형이 바로 이때 만들어졌기 때문이오.

제왕도 변호사 그렇군요. 오월 시대가 역사에 본격적으로 등장한 배경을 좀 더 구체적으로 말씀해 주세요.

합려 먼저 나는 무도한 초나라를 제압했소. 당시 초나라의 평왕

『손자병법』
전쟁에서의 전략 전술의 법칙을 담은 책으로, 오나라의 손무가 편찬한 병법서입니다. 이 책에는 중국의 전쟁이 잘 설명되어 있는데 간결한 문장으로도 유명하답니다.

은 폭군이었소. 초나라의 재상 역시 약소국들을 억압해 수시로 뇌물을 받아먹었소. 왕과 재상이라는 자들이 마치 오늘날의 조직폭력배처럼 굴었소. 그래서 역대 패자들이 덕이 없는 나라를 응징한 것과 같이 나도 초나라를 치고자 마음먹은 거요.

제왕도 변호사   그렇군요. 증인이 등장하기 전까지만 해도 천하는 여전히 진나라와 초나라가 쥐락펴락하고 있었지요?

합려   ▶그랬지요. 당시 나는 초나라를 제압하려면 강력한 무력이 필요하다고 판단하고, 나라를 부유하게 하고 군대를 튼튼히 기르는 데 힘을 썼소. 그런데 초나라 군사가 워낙 대군인 데다, 오나라 군사를 지휘할 마땅한 장수감이 없어 고심하고 있었소. 이때 나의 충신이던 오자서가 손무를 추천했는데 손무는 내가 패자가 되는 데 큰 도움을 주었소.

제왕도 변호사   손무는 어떤 인물이었나요?

합려   그 유명한 『손자병법』을 쓴 사람이오. 손무에 대한 일화를 하나 말해 주겠소. 하루는 내가 손무에게 용병술을 직접 보여 달라고 하니, 그는 후궁의 궁녀들을 대상으로 시험해 보겠다고 대답하더군요. 그는 곧 수백 명의 궁녀에게 갑옷과 투구를 착용케 하고 검과 방패를 들게 한 뒤, 규칙을 일러주었소.

제왕도 변호사   궁녀들에게 갑옷과 투구를요? 그리고 일러주었다는 규칙이 뭡니까?

교과서에는

▶ 춘추 전국 시대에 각국은 효율적으로 영토를 지배하기 위해 중앙 집권적인 관료제와 세제, 성문법 등을 만들었습니다. 또한 농업 생산력이 발달하면서 인구도 급증했지요.

합려   손무는 궁녀들을 향해 "첫 번째 북소리가 울리면 모두 떨쳐 일어나고, 두 번째 북소리에 큰 소리를 내며 전진하고, 세 번째 북소리가 나면 모두 전투 대형으로 전개한다!"라고 외쳤습니다.

제왕도 변호사   그 말을 듣고 궁녀들은 어떻게 했나요?

합려   장수로 선발된 두 명의 후궁을 비롯해 이 말을 들은 궁녀들은 그저 입을 가리고 웃고만 있었소. 손무가 직접 북채를 잡고 북을 울리며 거듭 경고했지만, 궁녀들은 웃기만 할 뿐 꿈적할 생각도 하지 않았소. 그러자 손무는 화가 나서 두 궁녀 대장의 목을 치려고 했소. 군사들의 행렬을 구경하던 나는 이 광경을 보고 몹시 놀라서 황급히 사람을 보내 이들을 구하려고 했소.

제왕도 변호사   그래서 궁녀들을 구했나요?

합려   아니오. 손무가 오히려 나를 말렸소. 손무는 "신은 이미 왕으로부터 장수의 명을 받았습니다. 장수가 군대에서 법을 집행할 때는 설령 군주가 명을 내릴지라도 이를 듣지 않는 법입니다!"라고 말했소. 그리고는 속히 두 궁녀의 목을 쳤는데 이후 감히 한눈을 파는 궁녀는 단 한 사람도 없었소. 나는 두 궁녀를 잃은 까닭에 크게 상심했으나, 내심 그의 용병술에 감탄할 수밖에 없었소. 이에 곧 그를 대장으로 삼고 군대 최고의 자문관으로 대우해 주었소.

제왕도 변호사   그렇군요. 증인이 패자의 자리에 오르는 데 손무가 큰 도움이 되었겠는데요?

합려   그렇소. 내가 초나라를 제압하고 패자가 될 수 있었던 것은 바로 오자서와 손무, 두 사람 덕이 컸다오.

제왕도 변호사　판사님, 지금 들으신 것과 같이 원고 부차의 아버지인 합려는 부하들과 힘을 합해 오나라를 강하게 키웠습니다. 그렇다면 합려의 아들이자 오늘 재판의 원고인 부차가 어떻게 패자가 되었는지 들어 보고 싶군요.

제왕도 변호사가 원고 부차에게 다가가 물었다.

제왕도 변호사　원고 역시 역대 패자들처럼 '왕도에 가까운 패도'를

　왜 월나라 왕은 와신상담했을까?

내세워 패자의 자리에 올랐다고 생각합니까?

부차   물론이오. 나는 구천과 달리 왕도를 행해 권력을
잡게 되었소. 원래 춘추 시대는 전기와 후기를 막론하고
'왕도에 가까운 패도'가 하나의 **불문율**로 두루 퍼져 있던
시기였소. 특히 과거 성리학이 지배하던 시절에 춘추 5패
의 일원으로 꼽힌 송나라의 양공은 '왕도에 가까운 패도'
수준이 아니라 진짜 '왕도'를 구사했어요. 비록 송 양공은
초나라 성왕에게 패해 **송양지인**이라는 비웃음을 사기는 했으나, 후
대의 성리학자들로부터는 춘추 시대를 통틀어 가장 위대한 패자라
고 칭송받았다오.

제왕도 변호사는 만족한 표정으로 자리에 돌아갔다. 그러자 때를
기다렸다는 듯이 강패도 변호사가 벌떡 일어섰다.

불문율
문서의 형식을 갖추지 않은 법을
이르는 말로, 일반적으로 알게 모
르게 서로 납득하여 지키고 있는
규칙이라는 의미를 뜻합니다.

송양지인
좋은 뜻과 자세를 내세우다 현실
적으로 큰 손실을 입는다는 뜻입
니다.

'춘추 5패'란 누구를 말할까요?

춘추 시대에는 모두 다섯 나라에서 뛰어난 인물이 등장해 천하를 호령했습니다. 이들은 제(齊)나라의 환공(桓公), 진(晉)나라의 문공(文公), 초(楚)나라의 장왕(莊王), 오(吳)나라의 합려(闔廬)와 부차(夫差), 월(越)나라의 구천(句踐)으로 이들을 '춘추 5패(春秋五霸)'라고 합니다. 여기서 '패(霸)'란 우두머리를 뜻하지요. 오 왕 합려와 부차는 아버지와 아들의 관계로 이들을 한 사람으로 간주하기도 합니다.

첫 번째 패자인 제 환공은 재상으로 있던 관중(管仲)의 도움을 받아 천하를 평정했습니다. '관포지교(管鮑之交: 관중과 포숙의 사귐이라는 뜻으로, 서로 이해하고 믿는 깊은 우정)'의 주인공이기도 한 관중은 '존왕양이(尊王攘夷: 왕실을 높이 받들고 오랑캐를 물리침)'의 기치를 높이 내걸어 훗날 공자로부터 커다란 칭송을 받았지요.

두 번째 패자는 진 문공으로 그는 43세에 망명해 19년에 걸친 망명 생활 끝에 주변 제후국의 도움으로 보위에 올라 천하를 호령했어요. 이후 진나라는 진 문공이 다져 놓은 패업을 바탕으로 춘추 시대가 끝날 때까지 남쪽의 초나라와 더불어 북쪽의 중원을 호령하는 최대 강국으로 군림했습니다.

세 번째 패자는 초 장왕이지요. 초나라는 이때 처음으로 남방은 물론 북방의 진나라까지 굴복시켜 천하의 최고 강자로 등장했습니다. 북쪽 중원을 호령했던 진나라는 춘추 시대 말기에 셋으로 쪼개져 이내 해체되었으나 초나라는 전국 시대 말까지 강국으로 존재했습니다.

이렇게 '춘추 5패'의 일원으로 이들 제 환공과 진 문공, 초 장왕 등을 드는 것에 대해서는 달리 이견이 없습니다.

그러나 나머지 두 명에 관해서는 예로부터 논란이 많습니다. '결과보다는 원인'을 중시하며 춘추 시대를 예양(禮讓: 예절을 지키며 서로 양보함)의 시대로 보는 사람들은 진 목공(秦穆公)과 송 양공(宋襄公)을 꼽습니다. 하지만 '원인보다는 결과'를 중시하며 '힘의 정치'에 주목하는 사람들은 오 왕 합려와 부차, 월 왕 구천을 들고 있습니다.

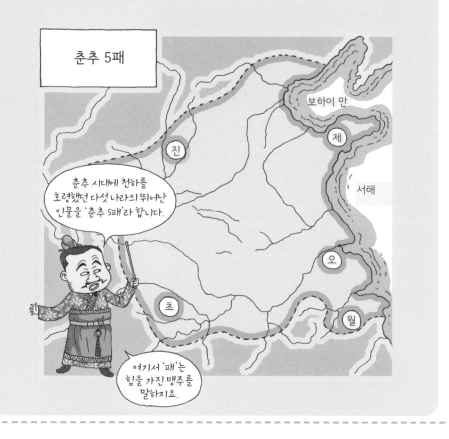

2

월나라는 언제 역사에 등장했을까?

강패도 변호사　　존경하는 판사님, 그리고 배심원 여러분! 원고 측 변호인은 당시 '왕도에 가까운 패도'가 널리 퍼져 있었다며 송 양공을 칭송했습니다. 그러나 이는 부차가 자신의 업적을 강조하기 위해 끌어온 이야기일 뿐입니다. 실제로 송 양공은 **회맹**에 늦게 나왔다는 이유로 약소국의 군주를 펄펄 끓는 가마솥에 삶아서는 토지신에게 제물로 올린 매우 잔인한 자입니다.

판사　　그 말이 사실입니까?

강패도 변호사　　물론이지요. 제사 지낼 때 사람을 제물로 바치는 '인신 희생'은 주나라 때 이미 사라졌습니다. 그런데도 송 양공은 사람을 죽여 제물로 바친 것입니다. 이는 당시의 기준으로 봐도 매우 충격적인 일입니다. 이런 송 양공을 두고 '왕도'를 행했다고 칭송하다니요!

제왕도 변호사　　피고 측 변호인이 뭔가 크게 오해했나 봅니다. 저는 구천의 비열한 속임수를 비난한 것이지, 송 양공을 두둔한 게 아닙니다. 부차가 피고 구천에게 베푼 은혜는 그야말로 큰 강과 바다 같은 것이지요. 그런데도 피고는 그 은혜를 저버리고 원고를 죽음으로 내몰았습니다. 전국 시대에 군주들이 아무렇지도 않게 비열한 행위를 저지른 것은 바로 피고 구천의 나쁜 행동을 본받았기 때문입니다.

강패도 변호사　　판사님, 반대 신문을 하고자 합니다.

판사　　허락합니다.

강패도 변호사　　앞서, 원고 측 변호인은 오 왕 합려가 정의롭고 정당한 방법으로 왕이 된 듯이 말했습니다. 하지만 증인 합려가 왕의 자리에 오르는 과정을 보면 그가 송 양공 못지않게 부도덕했다는 것을 알 수 있습니다. 원고의 아버지인 합려 또한 정당한 방법으로 왕위에 오른 것이 아닙니다. 왜 구천에게만 비열하다고 하는지 모르겠군요.

　　강패도 변호사가 증인석에 한 팔을 짚고 서서 합려에게 다가가 물었다.

강패도 변호사　　증인은 왕위에 오르는 과정에서 쿠데타를 일으켜 사촌 동생인 요(僚) 왕을 살해하지 않았습니까?

회맹
중국에서 제후국 사이에 맺었던 회합이나 맹약을 말합니다. 주나라의 힘이 약해진 이후에는 제후의 실력자가 회맹을 도맡아 관리했지요.

쿠데타
지배계급 중의 일부 세력이 법을 어기거나 무력적인 방법으로 정권을 탈취하는 정치 활동입니다.

계찰

당시 계찰은 오나라 내에서 가장 현명한 인물로 알려졌습니다. 『춘추좌전』에는 진나라 군주가 그를 '박물군자(博物君子)'라고 칭송한 대목이 나옵니다. 박물군자란, 사물을 널리 알고 그 이치를 통찰한 사람을 말하지요.

합려　　그…… 그렇소. 그러나 그것은 그럴 만한 이유가 있었어요. 당초 나의 할아버지인 수몽은 왕위에 오른 지 2년째 되던 해에 이웃 나라인 담(郯)을 치면서 충성을 다짐 받고 점차 대국으로서 오나라의 입지를 군히려 하고 있었소. 그때 할아버지는 네 아들 중에서 가장 현명한 막내 계찰이 자신의 뒤를 이어 왕위에 올라야 한다고 생각했소. 그러나 계찰은 이를 사양했지요. 하지만 할아버지는 그 뜻을 굽히지 않고 죽기 전에 유언을 남겼소.

강패도 변호사　　어떤 유언을 남겼나요?

합려　　"계찰에게 세자가 되기를 여러 번 권했으나 그는 그때마다 사양했다. 이제 내가 죽으면 제번이 왕의 자리에 오를 터이니, 제번은 훗날 왕의 자리를 여채에게 전하고, 여채는 여말에게 전하고, 여말은 다시 계찰에게 전하도록 하라. 결코 왕의 자리를 자기 자식에게 전해서는 안 된다"라고 남겼다오.

강패도 변호사　　그러니까 수몽왕은 결국 계찰에게 왕위가 돌아가기를 바란 거군요?

합려　　그렇소. 그리고 얼마 후 제번과 여채가 왕위를 여말에게 넘겨주었지. 여말이 세상을 떠나면서 아우 계찰에게 왕위를 물려주려고 했으나, 계찰은 이를 사양하고 숨어 버렸소. 그러자 신하들이 여말의 아들 주우(州于)를 왕의 자리에 앉혔소. 그가 바로 요(僚)왕이었소.

강패도 변호사　　수몽왕은 계찰에게 왕위를 이으라 했는데, 결국 요왕이 왕위를 이었군요.

너희들이 차례로 왕위에 오르고 마지막은 계찰에게 물려주거라.

네, 아버지의 명을 따르겠습니다.

나는 왕이 되고 싶지 않은데….

계찰이 왕위를 잇지 않으면 나, 합려가 왕이 되는 게 맞다고요!

합려　내가 화가 난 것은 바로 이 때문이오. 나의 부친을 비롯해 숙부들이 차례로 왕의 자리를 이은 것은 할아버지인 수몽왕의 유언을 받들어 계찰에게 왕의 자리를 전하기 위함이었소. 하지만 계찰이 끝내 숨어 버렸으니, 할아버지의 장자인 제번의 아들인 내가, 왕의 자리를 이어야 하는 게 맞잖소. 더구나 요는 『춘추공양전』에 나와 있듯이 여말의 서자에 불과했소.

강패도 변호사　어쨌든 증인이 왕위에 오르는 과정에서 쿠데타를 일으킨 게 사실이지 않습니까? 이것이 부도덕한 짓이 아니면 뭐겠

『사기』
한나라 무제 때 사마천이 쓴 역사
서로 상고 시대의 황제(黃帝)부
터 한나라 무제 태초년간(기원전
104~기원전101)까지의 중국
과 그 주변 민족의 역사를 기록했
습니다.

습니까?

합려　　꼭 그렇게 볼 것만도 아닙니다. 춘추 시대 첫 패자
였던 제나라의 군주 환공의 경우도 형제간의 치열한 싸움
끝에 왕의 자리에 올랐고, 두 번째 패자인 진나라의 문공
도 이웃 나라들의 군사를 이끌고 가서 무력으로 왕의 자리
에 올랐습니다. 세 번째 패자인 초나라 장왕의 경우도 별
반 다르지 않았지요.

강패도 변호사　　초 장왕도 쿠데타를 일으켜 왕위를 계승했나요?

합려　　그렇소. 초 장왕의 부친인 초 목왕은 자신의 부친인 초 성왕
을 시해하고 왕의 자리에 올랐소. 겉보기엔 나도 이들과 크게 다를
바가 없소. 하지만 나는 오히려 편법으로 진행된 왕위 계승 방식을
다시 장자 상속의 원칙으로 되돌려 놓았다는 점에서 칭송받아야 한
다고 생각하오!

강패도 변호사　　나 참, 기가 막혀서……. 원고는 이제 아주 궤변을
늘어놓는군요. 증인은 자객을 고용해 사촌인 오 왕 요를 살해했습니
다. 역대 제왕 중 그런 비열한 수법을 동원한 자는 한 명도 없지 않습
니까?

합려　　비열한 수법이라니? 당시 오자서의 소개를 받아 내가 고용
했던 전제라는 인물은 단순한 자객이 아니라 의협(義俠)이었소. 정
의를 위해 일하는 의협을 자객으로 깎아내리는 것은 잘못이오. 그가
단순한 자객에 불과했다면 사마천이 『사기』의 「자객열전」에서 그를
소개하지도 않았을 거요.

강패도 변호사   아니…….

판사   잠깐만요, 강 변호사. 증인이 할 말이 더 있는 듯하니 좀 더 들어 봅시다.

합려   고맙소. 당시 나는 요왕을 죽이고 왕의 자리에 오르기는 했으나, 이는 어쩔 수 없는 일이기도 했소. 내 말을 믿지 못하는 사람도 있겠지만 실제로 나는 할아버지의 뜻대로 숙부 계찰에게 왕의 자리를 잇게 할 생각이었소. 그러나 그는 귀국한 뒤에 또다시 왕의 자리를 간곡히 사양했소이다.

강패도 변호사   증인은 숙부인 계찰이 왕의 자리에 오르지 않을 것을 예상하고, 그런 입에 발린 소리를 한 것이 아닙니까?

제왕도 변호사   이의 있습니다! 피고 측 변호인은 증인을 왕의 자리에 눈이 멀어 군주를 죽인 반역자로 몰아가고 있습니다.

판사   이의를 받아들입니다. 피고 측 변호인은 추측성 발언을 자제해 주세요.

강패도 변호사   알겠습니다. 그럼, 증인에게 다른 질문을 하겠습니다. 증인, 월나라는 언제부터 오나라와 어깨를 나란히 견주게 되었나요?

합려   원래 오와 월, 두 나라의 땅은 기원전 4000년경부터 벼농사를 지을 정도로 다른 지역보다 문명이 앞선 지역이었소. 그러나 이후 은나라에서 서주 시대에 이르기까지는 이렇다 할 문화도 없이 잊혀진 지역으로 남아 있었지요. 그런데 ▶오나라는 나의 할아버지인 수몽왕 때 중원과 교류

하며 비약적으로 성장했고, 이웃한 월나라는 이런 오나라의 성장을 보고 자극받아 단숨에 강국으로 부상했소이다.

강패도 변호사　그러니까 오나라의 영향으로 월나라가 성장했다는 말인가요?

합려　그렇소. 나는 우여곡절 끝에 왕의 자리에 오른 뒤, 항상 초나라를 제압하는 것을 목표로 삼았소. 그래서 이웃해 있던 월나라가 강해지는 과정을 미처 눈여겨보지 못했는데, 이것이 나의 가장 큰 실수였소. 실제로 월나라는 피고 구천의 아버지인 윤상이 왕의 자리에 있을 때만 해도 큰 위협이 되지는 못했소.

강패도 변호사　그럼 언제부터 월나라가 오나라에 견줄 만큼 성장했나요?

합려　월 왕 윤상이 죽고 구천이 즉위하면서 상황이 점점 달라졌소. 월나라에 문종, 범려와 같은 뛰어난 인물들이 등장하면서 이들이 구천을 도왔기 때문이지. 결국 나는 구천이 즉위한 이듬해에 월나라와 싸우다 상처를 입고 죽고 말았다오.

강패도 변호사　존경하는 판사님, 그리고 배심원 여러분! 증인은 '왕도에 가까운 패도'를 구사해 아들인 원고 부차와 함께 오월 시대의 첫 패자가 되었다고 주장합니다. 하지만 증언을 통해 짐작할 수 있듯이 증인 합려는 왕의 자리에 오르는 과정에서 무력을 사용했기 때문에 '왕도에 가까운 패도'와는 거리가 멀었습니다. 그럼에도 원고 측은 피고를 향해 '왕도와 동떨어진 패도'를 구사했다고 손가락질하는 것입니다. 이런 것을 두고 적반하장(賊反荷杖)이라고 하죠!

> **적반하장**
> 도둑이 도리어 매를 들며 아무 잘못도 없는 사람을 나무라는 것을 뜻하는 말입니다.

제왕도 변호사가 못마땅한 표정으로 일어나 뭔가 말하려고 하자 판사가 제지하고 나섰다.

판사   자, 다들 하고 싶은 말이 많겠지만, 시간이 되어 휴정을 선언하고자 합니다. 오늘 재판은 증인 합려의 증언을 토대로 오월 시대가 등장하게 된 배경 등을 알아보았습니다. 오늘 재판에서 나온 증언은 다음 주에 열릴 두 번째 재판에 중요한 근거가 될 것입니다. 그럼 이것으로 첫 번째 재판을 마치겠습니다.

땅, 땅, 땅!

송 양공의 '송양지인'과 '희생'

송양지인(宋襄之仁)은 기원전 638년, 송나라의 양공이 초나라를 칠 때의 일화에서 나온 고사성어입니다. 당시 송나라의 학자 목이는 초나라군이 강을 반쯤 건너왔을 때 공격하자고 했습니다. 하지만 송 양공은 정정당당하게 싸워야 참다운 패자가 될 수 있다며 반대했습니다. 강을 막 건너온 초나라 군사가 진용을 가다듬고 있을 때, 목이는 또다시 공격을 권했습니다. 그러자 송 양공은 "군자는 남이 어려운 처지에 있을 때 괴롭히지 않는 법이다"라며 또 반대했지요. 그 결과 송나라는 초나라에 크게 패했습니다. 세상 사람들이 송 양공의 어리석음을 비웃었고, 이때 하찮은 인정을 이르는 말로 송양지인이라는 고사성어가 생겼지요.

'희생(犧牲)'은 신령에게 소와 양 등을 제물로 바치는 것을 말합니다. 송 양공은 자신에게 도움을 청한 제나라 세자를 왕의 자리에 앉힌 일에 의기양양해진 나머지, 실력도 갖추지 못한 채 패자가 되고자 우쭐댔습니다. 그는 대국들이 자신의 명을 따르지 않을 것을 우려해 약소국을 대상으로 서신을 보내 회맹에 참여할 것을 통보했습니다. 하지만 등나라 군주가 회맹에 늦게 참석했지요. 화가 난 송 양공은 그를 별관에 가둬 버렸는데, 이 소식을 들은 증나라 군주는 두려움에 떨며 이틀이나 늦게 회맹 장소에 도착했습니다. 송 양공은 자신의 위세를 떨칠 생각으로 그를 펄펄 끓는 가마솥에 넣어 삶은 뒤, 토지신의 희생 제물로 삼았습니다. 송양지인과 대비되는 대목이 아닐 수 없지요.

다알지 기자

　　　　　　역사공화국 안팎의 소식을 가장 빠르게 전해 드리는 법정 뉴스의 다알지 기자입니다. 오늘은 오나라 부차와 월나라 구천의 재판 첫째 날이었는데요. 원고 부차의 아버지인 합려가 증인으로 나왔습니다. 합려와 부차는 자신들이 '왕도에 가까운 패도'를 구사하여 춘추 5패에 올랐다고 주장했지요. 한편 피고 측은 합려가 오나라 왕위에 오른 과정을 문제 삼았습니다. 합려는 쿠데타를 일으켜 왕위에 올랐기 때문에 '왕도에 가까운 패도'를 구사하지 않았다는 것이지요. 역대 패자들끼리 치열한 법정 공방을 펼치는데 그 위엄이란……! 지금 양측 변호사가 나란히 법정을 나서고 있습니다. 두 변호사를 만나 보지요. 잠깐만요. 제왕도 변호사, 피고 구천이 비열한 속임수로 패자의 자리에 올랐다는 주장이 사실입니까?

제왕도 변호사

　오랜만입니다, 다알지 기자. 역대 패자 중에
서 그렇게까지 야비한 수법을 써서 패자가 된 사
람은 피고 구천밖에 없습니다. 게다가 피고는 목숨을
살려 준 원고의 은혜를 잊어버리고, 원고를 죽음으로 내몰았지요. 전
국 시대의 군주들이 아무렇지도 않게 비열한 행위를 저지른 것은 바
로 이러한 피고 구천을 본받았기 때문이 아닐까요? 피고 측은 자꾸 원
고의 아버지인 합려가 왕위에 오른 과정을 가지고 딴죽을 걸며 이들이
'왕도에 가까운 패도'를 구사했던 게 아니라고 우기더군요. 하지만 숙
부인 계찰이 왕위를 사양한 이상, 장손인 합려가 왕위에 오르는 것이
당연했기 때문이지요. 당시에는 이보다 더 한 왕위 다툼도 많았습니
다. 억지 주장으로 원고에게 흠집을 내려는 피고 측의 속내가 빤히 보
여서 기가 찰 뿐이지요!

강패도 변호사

오늘은 그저 몸풀기에 지나지 않습니다. 다음 재판에서는 원고 부차가 얼마나 엉터리 패자인지를 적나라하게 드러내 보일 것입니다. 오늘 재판에서도 얼핏 이야기했지만 그의 패업은 전형적인 '송양지인'에 지나지 않거든요. 자꾸 피고가 비열한 속임수로 패자 자리에 올랐다고 하는데, 원고의 아버지인 합려가 부당한 방법으로 왕의 자리에 오른 것도 결코 정당한 것은 아니었습니다. 그는 왕위에 오르는 과정에서 쿠데타를 일으켜 사촌 동생인 오나라 요왕을 살해하지 않았습니까? 남 말 할 처지가 아닌 거지요. 그런데 송 양공의 예를 들면서 '왕도에 가까운 패도'를 옹호할 때는 정말 어처구니가 없더군요. 아무튼 이번 재판이 끝나면 상황이 뒤바뀔 것입니다. 기대해 주십시오.

부차는 어떻게
패업을 이뤘을까?

1. 부차는 왜 구천을 살려 줬을까?
2. 부차는 왜 오자서를 죽였을까?
3. 부차는 왜 스스로 목숨을 끊었을까?

교과 연계

세계사
Ⅱ. 도시 문명의 성립과 지역 문화의 형성
 3. 중국 문명의 성립
  (2) 춘추·전국 시대의 변혁과 제자백가

부차는 왜
구천을 살려 줬을까?

판사　지난 재판에서는 오나라가 성장해 원고 부차가 패업을 이룬 것을 살펴보았습니다. 그런데 부차는 월나라의 왕 구천에게 속아 이내 망하게 되었다고 들었는데, 오늘 재판에서는 이 문제를 다뤄 보도록 하지요. 원고 측 변호인, 먼저 시작해 주세요.

제왕도 변호사　존경하는 판사님, 그리고 배심원 여러분. 이번 소송이 제기된 배경을 정확히 이해하기 위해서는 먼저 원고 부차가 패업을 이루게 된 앞뒤 정황을 자세히 알 필요가 있습니다. 그래서 증인으로 오나라의 신하였던 오자서를 불러 증언을 듣고자 합니다.

판사　그러지요. 증인 오자서는 증인석으로 나오세요.

판사의 부름을 받고 나온 오자서가 증인 선서를 마친 후 자리에 앉았다.

판사 　증인은 간략하게 자기소개를 해 주세요.

오자서 　나는 춘추 시대 말기인 기원전 6세기 초, 초나라 평왕의 아들인 태자 건(建)의 스승으로 있던 오사(吳奢)의 둘째 아들입니다. 우리 집안은 초나라에서 대대로 벼슬을 지낸 명문가였지요. 하지만 역적의 누명을 쓰고 초 평왕에게 죽임을 당할 위기에 처하자 오나라로 피신했고 오나라를 섬겨 결국 초나라를 멸망의 길로 이끌었습니다. 당시 나는 협객 전제를 오 왕 합려에게 소개해 합려가 즉위하는 데 결정적인 도움을 주었지요. 이후에 나는 손무와 함께 오 왕 합려를 성심껏 보좌했습니다. 그래서 오나라를 남방 최대의 강국으로 만드는 데 큰 공을 세웠지요.

제왕도 변호사 　증인은 원고 부차의 아버지인 합려의 신임을 얻었군요.

오자서 　그렇습니다. 하지만 원고 부차는 합려와 달랐습니다. 그는 내가 만류해도 듣지 않고 월 왕 구천을 살려 준 데 이어, 쓸데없이 정벌 전쟁을 일으켜 구천에게 설욕의 기회를 주었습니다. 원고는 간신 백비의 꼬임에 넘어가 나에게 스스로 목숨을 끊으라는 명까지 내렸지요.

제왕도 변호사 　네, 증인의 소개를 잘 들었습니다. 방금 증인이 말한 백비는 이번 재판에서 아주 중요한 인물입니다. 그에 대한 이야기로 시작해 보지요. 그런데 신하인 백비를 오 왕 합려에게 추천한 것은

대부
중국에서 벼슬아치를 세 등급(경, 대부, 사)으로 나눈 품계의 하나입니다.

동병상련
같은 병 또는 같은 처지에서 괴로워하는 사람들끼리 서로 고통을 헤아리고 동정하는 마음입니다.

응시호보
눈은 매와 같고 걸음걸이는 호랑이와 같아서 사람을 해할 수 있는 관상을 말합니다.

증인이라고 들었습니다. 그런데 어째서 백비를 간신이라 하나요?

오자서 　그때 나는 그가 간신이라는 사실을 전혀 몰랐습니다. 일찍이 그의 조부는 초 평왕의 부친인 초 영왕에게 억울한 죽음을 당했습니다. 그래서 나는 그가 나처럼 초 평왕의 폭정을 피해 망명한 것으로 짐작했지요. 이것이 나의 큰 실수였습니다. 진작 **대부**(大夫)로 있던 피리의 말을 들었어야 하는데…….

제왕도 변호사 　피리가 뭐라고 했기에 그럽니까?

오자서 　피리는 "오자서 당신은 어찌하여 백비를 단 한 번밖에 보지 못했는데 그토록 신임하는 것이오?"라며 물었지요. 그래서 나는 "백비가 나와 같은 원한을 갖고 있기 때문이오. **동병상련**(同病相憐)이 바로 이런 경우를 말하는 것이오"라고 했습니다. 그러자 피리는 "백비는 **응시호보**(鷹視虎步)의 상이오. 이는 모든 공을 독차지하고, 멋대로 사람을 죽이는 관상에 해당하오. 가까이해서는 안 되오"라고 충고했지요. 그러나 당시 나는 그의 말을 귀담아 듣지 않았습니다. 모든 게 내 잘못이니 누굴 탓하겠습니까?

제왕도 변호사 　그렇다면 증인은 당신에게 스스로 목숨을 끊으라고 명한 부차를 더 이상 원망하지 않는다는 뜻입니까?

오자서 　그렇습니다. 원고 역시 내가 목숨을 끊은 지 9년 후에 내 말을 듣지 않은 것을 후회하며 나처럼 스스로 목숨을 끊었습니다. 당시 오나라 사람들은 나를 가엾게 여겨, 강기슭에 사당을 세우고

철마다 제사를 지내 주었습니다. 고맙게도 후대 사람들이 지금까지도 이 전통을 이어 오고 있지요. 그러나 원고는 제삿밥을 얻어먹기는커녕 많은 사람에게 비난받고 있습니다. 그러니 내가 더 이상 원망할 까닭이 뭐가 있겠습니까?

제왕도 변호사 　네, 잘 알겠습니다. 이제 다른 얘기를 하도록 하지요. 증인은 오 왕 합려에게 초나라를 치라고 권했다고 알고 있습니

다. 이것은 증인이 초나라에서 도망쳐 왔기 때문에 초나라
에 대한 개인적인 원한을 풀기 위한 것이라는 말도 있습니
다. 사실입니까?

오자서　　완전히 틀린 말이라고 할 수는 없습니다. 기원
전 506년에 나와 손무는 대군을 이끌고 초나라로 가 초나
라의 수도를 함락한 뒤, 초 평왕의 아들인 초 소왕을 잡아 복수하려
고 했습니다. 하지만 그는 이미 도망치고 없었지요. 나는 분을 참을
수 없었습니다. 그래서 갖은 고생도 마다하고 초 평왕의 무덤을 찾
아가, 그의 시신에 채찍질했습니다. 백비 역시 초 평왕에게 조부를
잃은 까닭에 나와 같은 심정으로 함께 매질을 했지요. 이때 나의 죽
마고우인 신포서가 산중에 숨어 있다가 이 얘기를 듣고는 나에게 물
었습니다.

제왕도 변호사　　신포서라는 자가 뭐라고 했나요?

오자서　　신포서는 "그대는 전에 모시던 군주의 시신에 매질을 해
치욕을 주었으니, 이 어찌 도의에 합당한 일이라 할 수 있겠는가?"라
고 말했습니다. 그래서 내가 도리에 어긋난 일을 한 것은 사실이나
어찌 이것을 도리만 가지고 따질 수 있겠느냐고 되물었지요.

제왕도 변호사　　그래도 그렇지, 시신에 매질을 하다니……. 이건 좀
지나치지 않나요?

오자서　　하지만 초 평왕은 내 아버지와 형의 원수이자, 나라를 어
지럽힌 폭군이었습니다. 당시에 내가 그에게 얼마나 큰 원망을 품고
있었으면 그런 일을 저질렀겠습니까? 그러나 오로지 개인적인 원한

때문에 초나라를 침공한 것은 아닙니다. 춘추 시대 말이 되자, 오나라는 점차 강력한 제후국으로 이름을 떨치기 시작했습니다. 오나라가 천하의 패권을 잡기 위해서는 먼저 초나라의 기세를 꺾을 필요가 있었지요. 그런 이유에서 초나라를 공격했던 것입니다.

제왕도 변호사　　그런데도 당시 오나라는 왜 초나라를 완전히 정복하지 못한 겁니까?

오자서　　그러니까…… 합려가 왕의 자리에 오른 지 10년째 되던 해인 기원전 505년 봄의 일입니다. 당시 월 왕인 윤상은 합려가 그보다 5년 전에 월나라를 쳐 취리(저장 성 강흥현)를 공략한 것에 원한을 품고 있었습니다. 그런데 마침 오나라가 초나라와 전쟁을 일으켰다는 것을 알고 그 틈을 타 오나라를 공격했지요. 오나라 군사가 아직 초나라에 머물고 있었던 까닭에 당시 오나라의 도성은 무방비 상태나 다름없었지요.

제왕도 변호사　　그래서 오나라는 어떻게 되었나요?

오자서　　공교롭게도 이때 오나라 내부에서 반란까지 일어났어요. 우리는 더 이상 초나라에 머물 수가 없었습니다. 그래서 합려는 군사를 이끌고 급히 귀국했지요.

제왕도 변호사　　그럼 증인과 관련해 초나라와 오나라의 이야기는 이쯤에서 그만 하지요. 그런데 증인은 원고 부차가 왕으로 즉위하는 데에도 크게 기여했다고 들었습니다. 사실입니까?

오자서　　사실입니다. 우리가 초나라에서 철군한 지 얼마 되지 않아서 오나라의 태자, 즉 합려의 장자가 병들어 죽었습니다. 합려의

고소대

『오월춘추』와 더불어 오월 시대를 상세히 기록한 『월절서』에 따르면 '고소대'는 고소산에 세운 건축물을 이릅니다. 높이가 900m에 달해서 멀리 300리(약 118km)까지 내다보았다고 합니다. 『국어』 등의 기록에 따르면 고소대는 부차 때 좀 더 웅장한 규모로 재건되었다고 합니다.

차남인 부차는 나를 불러 자신이 왕위를 이을 수 있도록 도와달라고 부탁했습니다. 그래서 나는 합려에게 왕자들 중 그 누구도 부차를 능가하지 못한다며 태자 자리에 부차를 강력히 추천했지요.

제왕도 변호사　　그 건의를 듣고 합려는 어떻게 했습니까? 받아들였나요?

오자서　　네, 그렇습니다. 합려는 부차를 태자로 삼은 뒤, 그에게 군사를 이끌고 변경에 주둔하며 초나라의 침공에 대비하라고 명령했습니다. 이어 자신은 도성에서 서쪽으로 30리(약 12km) 떨어진 고소산에 **고소대**를 세운 뒤 가을과 겨울에는 도성 안에서, 봄과 여름에는 고소대에서 나랏일을 다루면서 낮에는 고소대 인근에서 사냥을 즐겼습니다. 당시 오나라의 위세는 실로 대단했지요. 오나라는 서쪽으로 강대한 초나라의 기세를 꺾고, 북쪽으로 제나라와 진나라를 위협하고, 남쪽으로는 월나라를 제압했습니다.

제왕도 변호사　　오나라가 그토록 막강했다면 월나라와의 전투로 합려가 죽고 패배한 이유는 어떻게 해석해야 합니까?

오자서　　그건…… 운이 없었기 때문이라고밖에……. 합려가 왕위에 오른 지 19년째 되던 여름에 월 왕 윤상이 죽고 그의 아들 구천이 왕위에 올랐다는 소식이 들렸습니다. 합려는 이때를 기회라 여기고 눈엣가시 같던 월나라를 아예 없애 버리고자 했습니다. 그는 태자 부차에게 나라를 지키게 한 뒤 군사 3만 명을 이끌고 싸움터로 나갔습니다. 구천도 직접 군사를 이끌고 반격에 나섰지요.

제왕도 변호사　　마침내 두 나라의 군사가 취리 땅에서 대치한 거로
군요.

오자서　　그렇습니다. 그런데 월 왕 구천은 이때 교묘한 계책을 꾸
몄습니다. 그는 300여 명의 사형수를 동원해 오나라 군영 앞으로 가
게 했습니다. 이들은 모두 웃통을 벗은 채 각자 자신의 목에 칼을 겨
누고 앞으로 나아가면서 "우리는 군의 명령을 어겨 두 번 다시 병사
가 될 수 없다. 이에 감히 죽음으로써 사죄코자 한다!"라고 외쳤습니

절치부심
몹시 분해 이를 갈고 속을 끓이는
것입니다.

다. 그들이 스스로 목을 베어 차례로 죽어 나가자 오나라 군사들은 이 광경을 보고 기가 질렸습니다. 이렇게 당황한 틈을 노려 월나라의 결사대가 오나라 군대를 덮쳤던 것이지요.

제왕도 변호사　정말 끔찍하고 잔인한 계책이군요. 오나라 군사들은 정신을 차릴 수 없었겠는데요?

오자서　네, 그렇습니다. 오나라 군사들이 우왕좌왕하자 월나라의 장수인 영고부는 오 왕 합려에게 달려들어 그를 힘껏 내리쳤습니다. 합려는 간발의 차로 간신히 목숨을 구했으나 이미 엄지발가락이 잘려 나갔지요. 합려가 피를 흘리며 곧바로 전 군에 후퇴를 명했습니다. 그리고 합려는 물러나던 도중에 취리에서 7리(약 3㎞)가량 떨어진 오나라 땅에서 결국 숨을 거뒀습니다.

제왕도 변호사　한때 중원을 호령하던 합려도 덧없이 죽음을 맞이하게 되었군요. 그리고 제가 알기로 합려가 마지막으로 당부한 말이 있다고 하던데…….

오자서　네. 그는 죽기 직전에 아들 부차를 불러 월나라가 준 치욕을 결코 잊지 말라고 당부했습니다. 당대의 호걸이었던 합려가 어처구니없게도 적장이 휘두르는 칼에 고작 발가락을 베여 죽게 됐으니 말입니다. 이를 계기로 월나라가 갑자기 부상해 오나라와 자웅을 겨루는 위치에 서게 되었습니다.

제왕도 변호사　당시 원고 부차는 부왕의 원수를 갚기 위해 절치부심(切齒腐心)하는 모습을 보였다고 하는데, 이게 사실입니까?

오자서　　사실입니다. 원고 부차는 보기 드문 효자였습니다. 그는 궁궐의 뜰에 시종 열 명을 세워 놓고 자신이 출입할 때마다 "부차야, 너는 월 왕이 너의 아버지를 죽인 것을 잊었는가?"라고 외치도록 했지요. 부차는 이 소리를 들을 때마다 문득 걸음을 멈추고 눈물을 비오듯 흘리며 "아닙니다, 어찌 감히 잊을 수 있겠습니까!"라고 대답하곤 했습니다. 부차는 능히 패자가 될 만한 자질을 지닌 인물이었습니다.

제왕도 변호사　　존경하는 판사님, 그리고 배심원 여러분! 증인이 원고를 두고 '효자'라고 한 것에 주목해 주시기 바랍니다. 이는 원고 부차가 '인(仁)'과 '덕(德)'을 알았던 인물임을 말하는 것이지요.

　　제왕도 변호사는 쩌렁쩌렁한 목소리로 말하고는 배심원석을 돌아보며 활짝 웃었다. 강패도 변호사가 참을 수 없다는 듯이 자리에서 일어나 말했다.

강패도 변호사　　판사님, 지금 제왕도 변호사는 원고 부차가 효자라는 말을 앞세워 그를 인과 덕을 갖춘 성군으로 포장하고 있습니다. 당치도 않습니다. 증인에게 궁금한 것이 있습니다.

판사　　알겠습니다. 그럼 피고 측에서 반대 신문을 하세요.

강패도 변호사　　네, 감사합니다. 증인 오자서를 신문하기 전에 먼저 피고 구천에게 몇 가지 질문을 하겠습니다.

판사　　네, 그렇게 하세요. 증인은 증인석에서 내려가지 마시고, 잠시 기다려 주세요.

오자서　네, 그러지요.

강패도 변호사　피고, 몇 가지만 짧게 묻겠습니다. 피고는 기원전 494년 콰이지산에서 원고 부차에게 항복했는데요. 피고가 오나라에 항복한 이유는 무엇인가요?

구천　당시 오나라 군사는 물길을 따라 우리 월나라로 쳐들어왔고 나는 곧바로 대군을 일으켜 반격에 나섰소. 그때 오나라 군사의 사기는 하늘을 찌를 듯했고 우리 월나라에 비해 힘이 막강했지요. 이때 대부 범려가 나에게 귀띔하기를, 오 왕 부차는 자신의 아버지인 합려가 월나라를 치다 죽은 것을 한으로 여긴다고 하였소. 오나라 군사의 사기가 하늘을 찔러서 우리는 대적하기 어려웠지요. 그래서 범려는 오나라 군사의 기운이 떨어질 때까지 성안을 굳게 지키자고 말했소.

강패도 변호사　그렇다면 피고는 범려의 제안을 받아들였나요?

구천　아니오, 반대했소. 대부 문종도 내게 화평을 청하라고 말했지만 나는 이를 받아들이지 않았소. 우리 월나라는 원래 오나라와 대대로 원수지간인데, 맞서 싸우지 않는다면 장차 어찌 이 나라를 다스릴 수 있겠냐고 했지요.

강패도 변호사　그래서 피고는 반격에 나섰지요?

구천　그랬지요. 나는 군사 3만 명을 이끌고 대항했소. 두 나라 군사가 접전을 벌였지만 결국 우리 월나라 군사가 대패했지요. 접전 후에 내가 성안으로 들어가자, 오나라 군사는 곧바로 겹겹이 성을 포위했소. 그러고는 성안으로 유입되는 물줄기를 끊어 버리더군. 이때 부차는 10일 안에 우리 월나라의 군사 모두가 목이 말라 죽을 것이라고 했지만, 다행히 우리 성안에 커다란 샘이 있어 위기를 모면할 수 있었소. 이후 나는 대대적인 반격을 가하려고 범려에게 성을 맡긴 후, 샛길로 빠져나와 도성이 있는 콰이지(會稽)로 갔소. 그러나 당시 우리에게 남은 군사는 겨우 5000명에 불과했소. 이때 신하

맹주
동맹을 맺은 개인이나 단체의 우두머리를 말합니다.

태재
옛날 중국에서 가장 높은 벼슬입니다.

상국
최고의 재상을 말합니다.

인 문종은 내게 속히 오나라에 사람을 보내 싸움을 그만 끝내고 평화롭게 지낼 것을 청하자고 했소. 그는 부차가 나를 용서한 후, 제후들의 **맹주**가 되려는 야심을 드러내며 사방으로 전쟁을 벌일 것이라고 했지요. 그래서 오나라가 피폐해질 때를 기다렸다가 일대 반격을 가하면 설욕은 물론 오나라를 패망시킬 수 있을 거라고 했소.

강패도 변호사 문종이 꾀를 냈던 것이군요. 그런데 문종은 또 다른 계책을 짜냈다고 들었습니다.

구천 문종이 오나라의 **태재**(太宰) 백비가 재물과 여색을 좋아하고 시기하는 마음이 강하다고 말하더군요. 오나라의 **상국**인 오자서의 밑에서 벼슬을 살지만 야심을 품은 자라고 했소. 게다가 부차가 오자서를 경계하면서 오히려 백비를 더 신임하는 것 같다는 말도 했소이다. 나도 이런 백비의 환심을 사면 쉽게 강화를 맺을 수 있겠다고 생각했소.

강패도 변호사 그래서 피고는 적국의 태재인 백비의 환심을 사기 위해 어떤 일을 했나요?

구천　나는 은밀히 문종을 백비에게 보냈소. 문종은 금은보화를 싸 들고 백비의 방을 찾아가 그의 마음을 사려고 온갖 말을 꾸며 냈다오. 그랬더니 이튿날, 백비는 문종을 부차에게 데리고 갔소.

강패도 변호사　그래서 그 후에 어떻게 됐나요?

구천　문종은 내가 잘못을 뉘우치며 장차 부인과 함께 노비가 되어 오나라를 섬기려 한다고 전했지요. 그리고 내가 바라는 건 오직 종묘 제사를 받드는 것뿐이라고 했소. 백비는 만약 나의 청을 받아들이면 월나라로부터 많은 이익을 취하고, 다른 제후들로부터 '왕도'를 행했다며 칭송받을 수 있다고 부차를 꼬드겼다더군요.

강패도 변호사　그런 말을 들으면 귀가 솔깃할 수밖에 없겠는데요? 그래서 원고 부차는 뭐라고 했나요?

구천　부차는 우리 부부가 그의 노비가 되겠다고 한 게 사실인지 되물었소. 그러자 백비는 강화가 이뤄지지 않으면 내가 장차 종묘와 궁성, 창고를 모두 불사르고, 황금과 보물을 강물에 내던진 뒤, 결사대 5000명을 이끌고 죽을 때까지 오나라와 싸울지도 모른다고 했소. 그러면 오나라 군사도 피해를 입게 된다고 하니 부차는 백비의 말을 듣게 되었소.

강패도 변호사　잘 들었습니다. 판사님, 이쯤에서 증인 오자서를 신문하도록 하겠습니다.

판사　그렇게 하세요.

증인석에 앉아 피고 구천의 진술을 듣고 있던 오자서는 그렇지 않아도 할 말이 많다는 표정으로 고개를 끄덕였다.

강패도 변호사　증인, 증인은 이 소식을 듣고 황급히 원고 부차에게 달려갔다지요?

오자서　네, 그렇습니다. 나는 부차에게 구천의 간교한 계략에 넘어가지 말라고 조언했어요. 월나라는 오랫동안 우리 오나라와 원수지간이며, 지금 쳐서 응징하지 않는다면 하늘의 뜻을 어기고 원수를 돕는 것이라고 말입니다. 나중에 후회해도 소용없을 거라고 거듭 경고했지요. 그러자 부차는 "과인은 장차 중원을 제압해 패업을 이룰 생각이오. 만일 월나라가 잘못을 뉘우치지 않으면 그때 쳐 없애도 늦지 않을 것이오"라고 했습니다.

강패도 변호사 원고 부차가 증인의 건의를 제대로 듣지 않았군요.

오자서 간사한 백비가 옆에서 부추기지만 않아도 부차는 나의 말을 심사숙고했을 것입니다. 하지만 백비는 부차의 옆에서 "지금 구천 부부는 우리 오나라에 와서 노비가 되겠다고 자청했습니다. 그런데도 이를 받아들이지 않는다면 대왕은 덕이 없다는 오명만 얻게 될 것입니다"라고 말했습니다.

강패도 변호사 그래서 증인은 더 이상 원고 부차를 설득하지 않았습니까?

오자서 아니요. 나는 격렬히 반대했습니다. 월나라가 진심으로 오나라에 충성하려는 게 아니라고 했지요. 이는 패업을 이루고자 하는 대왕의 야심을 부추긴 뒤 대왕이 방심한 틈을 타 등에 칼을 꽂으려는 것이라고 했습니다. 그러나 부차는 나의 말을 듣지 않고 백비의 말을 따라 월나라와 강화를 맺었습니다. 우리 오나라의 비극은 여기서 시작되었지요.

강패도 변호사 증인은 부차가 구천의 강화 요청을 받아들인 가장 큰 이유가 뭐라고 생각합니까?

오자서 허영심 때문이지요. 그가 원래 허영심이 있었던 것은 아니었습니다. 부왕 합려의 원수를 갚기 위해 복수의 칼을 갈 때까지만 해도 그에게서 허영심을 찾아볼 수는 없었죠. 그러나 부차는 목

왜 월나라 왕은 와신상담했을까?

적을 달성하자 이내 자만심에 빠지고 말았어요. 천하를 호령하려는 큰 뜻을 가진 사람이 초심을 유지하지 못한 게지요. 강화를 맺기 전에 구천은 부차에게 사신을 보내 "서로에 대한 믿음이 깊으니 **삽혈**(歃血)을 할 필요도 없을 겁니다. 대왕은 직접 저희가 하는 일을 감시할 수 있습니다"라고 말했어요.

강패도 변호사 구천이 삽혈할 필요가 없다고 말한 데에도 계략이 숨어 있다던데요?

오자서 네, 그렇습니다. 당시 국가 간에 충성을 맹세할 때는 짐승의 피를 마시는 삽혈이라는 의식을 행했습니다. 이는 약속을 어길 경우, 천벌을 받을 것을 다짐하는 의식입니다. 당시 사람들은 천벌을 두려워한 까닭에 삽혈을 매우 중시했습니다. 그런데 월나라는 삽혈 의식을 행하지 않으려 했습니다. 이는 월나라가 다른 속셈을 품은 것임에 틀림이 없었는데도, 부차는 이를 알아채지 못했어요.

삽혈
맹세를 다짐하는 사람끼리 굳은 맹세의 표시로 개나 돼지, 말 등의 피를 서로 나눠 마시거나 입에 바르던 일을 말합니다.

2

부차는
왜 오자서를 죽였을까?

강패도 변호사   존경하는 판사님, 지금 증인의 말을 통해 들은 바와
같이 부차는 오자서의 진심 어린 충언도 마다하고 허영심에 차 피고
구천을 살려 주었지요. 스스로 적을 살려 주고는 그 죄를 이곳 법정
에 와서 묻고 있으니 한심할 따름입니다.

제왕도 변호사   아닙니다. 부차는 넓은 아량으로 원수인 피고 구천
의 목숨을 살려 주었습니다. 피고 구천이야말로 이런 부차의 은혜를
원수로 갚은 배은망덕한 왕일 뿐이지요.

판사   두 분 모두 진정하시지요. 강패도 변호사, 더 신문할 내용이
있으면 계속하세요.

강패도 변호사   그렇다면 증인은 왜 부차에게 삽혈 의식을 꼭 해야
한다고 적극적으로 주장하지 않았습니까?

오자서　이미 소용없는 일이었지요. 부차는 간신 백비의 감언이설(甘言利說)에 넘어가 내가 무슨 말을 해도 듣지 않았습니다. 하지만 나는 포기하지 않고 부차에게 구천의 속내를 알리려 노력했습니다.

강패도 변호사　그런데도 원고가 증인의 말을 전혀 들으려 하지 않았습니까?

오자서　그렇습니다. 구천이 오나라에 노비로 온 지 3년이 지난 뒤, 나는 부차가 구천의 거짓 충성에 크게 감격한 나머지 구천을 곧 월나라로 돌려보내려 한다는 소문을 들었습니다. 나는 곧장 궁으로 들어가 간곡히 만류했습니다. 귀를 즐겁게 하는 얘기에 솔깃해 후환을 생각하지 않으니, 마치 머리털을 화로 속의 숯불 위에 올려놓고 타지 않기를 바라는 것과 같다고 말했지요.

강패도 변호사　부차는 증인의 말을 귀담아들었나요?

오자서　그렇지 않았습니다. 원래 호랑이가 몸을 낮추는 것은 먹이를 잡기 위한 것이고, 살쾡이가 몸을 낮추는 것은 날아가는 새를 채기 위한 것이지요. 또 꿩이 자신의 몸매를 자랑코자 하면 시선이 가려져 새 그물에 걸리고, 물고기가 일시적인 통쾌함을 추구하면 미끼에 유인되어 죽기 마련입니다. 장차 부차가 구천의 속임수에 넘어갈 것은 불 보듯 뻔한 일이었습니다. 하지만 부차는 내게 버럭 화를 내며 다시는 그런 이야기를 하지 말라고 했습니다.

강패도 변호사　그래서 증인은 어떻게 했나요?

오자서　궁에서 나올 수밖에 없었습니다. 이 일이 있은 후 나와 부

감언이설
달콤한 말로 귀가 솔깃하도록 남의 비위를 맞추거나 이로운 조건을 내세워 꾀는 것을 뜻합니다.

차의 사이는 크게 벌어지고 말았지요.

강패도 변호사　　그랬군요. 그런데 사람들은 두 사람 사이가 결정적으로 벌어지게 된 사건으로 '미인계 사건'을 들기도 하던데, 이는 어떤 일이었습니까?

오자서　　한번은 월나라로 돌아간 범려가 두 명의 미녀를 이끌고 우리 오나라로 다시 찾아왔어요. 두 여인은 역대 최고의 미인으로 손꼽히는 서시(西施)와 정단(鄭旦)이었지요. 부차가 크게 즐거워하며 두 여인을 받아들이려 하기에 나는 "인재는 나라의 보물이나, 미녀는 나라의 재난"이라며 만류했습니다.

강패도 변호사　　그렇지요. 하나라의 걸왕은 말희, 은나라의 주왕은 달기, 주나라의 유왕은 포사라는 미인에 빠져 나라를 망쳤으니까요. 부차가 이번에는 증인의 말을 들었나요?

오자서　　천만의 말씀입니다. 부차는 이번에도 나의 충언을 듣지 않았어요. 이후 서시는 고소대에 머물며 부차의 총애를 독점했어요. 미인에게 푹 빠진 부차가 정사를 제대로 돌볼 리 없었지요.

　증인 신문을 통해 원고 부차의 잘못을 제대로 지적한 듯하자, 강패도 변호사는 자신에 찬 환한 표정으로 배심원석을 향해 말했다.

강패도 변호사　　존경하는 판사님, 그리고 배심원 여러분! 증인의 이 말을 기억해 주시기 바랍니다. 원고는 미모의 여인에 빠져 정사를 소홀히 한 어리석은 임금이었습니다. 원고가 피고에게 결국 패한 것

도 이런 맥락에서 이해해야 할 것입니다.

제왕도 변호사는 강패도 변호사가 원고 측 증인 오자서를 교묘히 이용하여 유리한 증언을 얻어냈다는 생각에 화가 치밀어 올랐다.

제왕도 변호사　판사님, 피고 측 변호인은 지금 아무런 근거도 없이 원고를 어리석은 임금이라며 모독하고 있습니다.

판사　인정합니다. 피고 측 변호인은 원고의 인격을 모독하는 발언은 자제하세요.

강패도 변호사   네, 그럼 다른 질문을 하겠습니다. 증인은 부차에게 계속해서 충언하였으나 부차는 끝까지 증인의 말에 귀를 기울이지 않았지요? 게다가 부차는 증인을 멀리하기까지 하였습니다. 그리고 증인은 모함을 받았고 부차는 증인에게 명검을 내려 스스로 목숨을 끊으라고 명했지요. 여기에는 어떤 사연이 있었던 것인가요?

오자서   나는 앞으로 오나라가 위태로워질 것 같아 아들을 제나라에 맡긴 적이 있습니다. 얼마 후 이 사실을 알게 된 백비는 이것이 바로 내가 반역을 꾀한 증거라며 나를 모함했지요. 부차는 이 말을 곧이듣고 나에게 자신의 보검인 촉루검(屬鏤劍)을 내렸습니다. 나는 너무 억울해 오나라가 망하는 모습을 지켜보겠다고 말하며 스스로 목숨을 끊었습니다. 부차는 이 소식을 듣고 더욱 화를 내며 나의 시신을 말가죽 자루에 넣어 강물에 내버리도록 했지요.

강패도 변호사   존경하는 판사님, 원고 부차는 간신 백비의 꼬임에 넘어간 어리석은 임금이었습니다. 이렇듯 충신을 가려낼 줄도 모르는 부차가 왕도를 펼쳤다는 것은 말도 안 됩니다.

"듣고 보니 부차는 미인계에 넘어가고 충신까지 잔인하게 죽였구나! 그는 확실히 어리석은 왕이야!"

"그러게 말이야. 결국 오나라가 망한 것도 오자서의 말을 안 들은 부차 탓이군그래!"

판사석을 향해 자신만만한 목소리로 말한 강패도 변호사는 장내가 조용해지기를 기다렸다가 증인에게 다시 물었다.

강패도 변호사 　부차가 증인에게 스스로 목숨을 끊으라고 명한 것은 오나라가 제나라와의 싸움에서 이긴 직후였습니까?

오자서 　그렇습니다. 당초 부차가 오나라 군사를 거느리고 정벌에 나설 때, 구천도 월나라 군사 3000명을 이끌고 그 뒤를 따랐습니다. 그리고 우리 오나라 군사는 '애릉(艾陵) 전투'에서 대승을 거두었지요. 그러자 부차는 자못 의기양양해져서 월나라 장수에게 오나라 군사가 월나라와 비교해 어떠냐고 물었습니다. 그러자 월나라 장수는 오나라 군사는 천하제일의 강군(强軍)이라 월나라와 비교할 수도 없다고 말했지요. 부차는 크게 만족하여 제나라와 **맹약**을 체결한 뒤 개선가(凱旋歌)를 부르며 철군했습니다. 이후 피고 구천에 대해 아무런 경계도 하지 않게 되었지요. 피고 구천이 철두철미하게 부차를 속이고 때를 기다리며 몸을 낮췄기 때문입니다.

강패도 변호사 　뭐 그렇다면, 원고 부차는 전쟁에서 승리한 직후 증인과 같은 충신을 버렸으니 폭군이 아닙니까? 증인은 이를 어떻게 생각합니까?

오자서 　부차는 '폭군'이라기보다는 어리석은 임금인 '암군(暗君)'에 가까웠습니다.

강패도 변호사 　존경하는 판사님, 그리고 배심원 여러분! 증인의 말대로 원고는 스스로 어리석은 길을 간 까닭에 패망했습니다. 그런

맹약
동맹국 사이에 맺는 조약을 말합니다.

암군
사리에 어둡고 어리석은 임금을 말하는 것으로, 혼군(昏君)이라고도 합니다.

그가 어찌 '왕도에 가까운 패도'를 말하며 피고인 구천을 비난할 수 있습니까?

배심원석과 방청석이 또다시 웅성거렸다.

"맞아! 부차는 구천을 나무랄 수 있는 입장이 아니잖아?"

"오나라가 월나라에 망한 건 자업자득이라고!"

웅성이는 법정을 가로지르며 제왕도 변호사가 잽싸게 피고석으로 걸어 나왔다.

제왕도 변호사   아니, 증인! 원고 부차에게 힘을 실어 달라고 불렀는데 피고 측 변호사의 유도 신문에 넘어가면 어쩌자는 겁니까? 원고를 어리석은 왕이라고 말하다니⋯⋯!

강패도 변호사   거, 무슨 말을 그렇게 하세요? 지금껏 수고한 증인한테. 그리고 있는 그대로의 사실을 말하는 것은 증인의 의무가 아닙니까!

판사   자자, 양측 모두 조용히 하세요. 증인 오자서는 자리로 돌아가도 좋습니다.

오나라와 서시의 미인계

'미인계'는 미인을 이용하여 사람을 꾀는 계략을 말합니다. 월나라의 구천이 구사한 미인계는 역사상 가장 유명한 것 중 하나로 기록돼 있습니다. 하루는 구천이 문종을 불러 부차의 정신을 헷갈리게 만들 계책이 무엇인지 물었습니다. 이에 문종은 미녀를 보내면 틀림없이 부차가 받아들일 것이라고 했지요. 그래서 구천은 서시와 정단이라는 두 미녀를 찾아내, 3년 동안 노래와 춤, 화장하는 법, 걸음 걷는 법 등을 가르쳤어요. 이후, 범려는 두 여인을 데리고 오나라에 찾아갔습니다. 그는 부차에게 머리를 조아리며 월나라에 하늘이 내린 두 여인이 있는데 후미진 곳에 있는 월나라에 두 여인을 머물게 할 수 없다고 했습니다. 부차는 두 여인 가운데 특히 서시의 미모에 반해 점차 정사를 게을리했습니다. 서시를 경계하라는 오자서의 충고도 듣지 않았지요.

서시는 부차에게 월나라에 곡식 1만 석을 빌려 주라고 했는데, 부차는 서시의 말에 따라 월나라에 곡식을 빌려 주었지요. 그리고 다음 해에 월나라는 싹이 나지 않는 씨앗으로 이를 갚았습니다. 이로 인해 오나라는 흉년이 들어 먹을 것이 부족했는데, 서시는 부차를 또 한 번 꾀어 큰 군대를 이끌고 이웃 나라와 전쟁을 하라고 부추겼지요. 그래서 오나라는 모든 인력과 물자를 총동원해 전쟁을 일으켰고, 금세 국력이 바닥나 버렸답니다. 이 틈을 타 구천이 오나라를 공격하여 결국 오나라는 망하고 말았지요.

3

부차는 왜 스스로 목숨을 끊었을까?

판사 피고 측 변호인, 변론을 계속 진행하세요.

강패도 변호사 판사님, 증인 오자서는 증언을 하면서 부차의 총애를 받는 신하이자 당시 태재의 자리에 있던 백비라는 인물에 관해 이야기했습니다. 여기서 백비를 증인으로 불러 그 사건에 대해 좀 더 구체적으로 들어 보고자 합니다.

판사 알겠습니다. 증인 백비는 나와서 선서해 주세요.

백비가 증인석으로 걸어 나와 증인 선서를 하자, 판사가 간략히 자기소개를 할 것을 주문했다.

백비 나는 초 강왕때 태재로 있던 백주리(伯州犁)의 손자입니다.

내 할아버지는 초나라에서 벼슬을 하던 중 모함을 받아 죽게 되었지요. 그래서 나, 백비는 오자서에게 의지해 오나라로 망명해 왔습니다.

강패도 변호사　오자서를 이미 알고 있었다는 말인가요? 그리고 증인은 초나라 출신인데 어떻게 오 왕 합려를 만나게 되었나요?

백비　오자서가 이미 증언한 바와 같이 그 또한 원래 초나라 사람인데 모함을 받자 오나라로 망명을 했지요. 같은 처지에 있는 사람끼리 그 고통을 더 잘 알기 때문일까요? 오자서는 나를 합려에게 추천해 주었습니다.

강패도 변호사　증인은 원고의 아버지인 합려의 눈에 들어 곧 벼슬길에 올라 오자서와 함께 정치를 했습니다. 당시 어떻게 합려의 마음을 사게 되었나요?

백비　합려는 내게 "그대는 장차 무엇으로 과인을 가르칠 생각이오?"라고 물었습니다. 나는 "대왕이 오자서를 거둬들였다는 얘기를 멀리서 듣고, 천 리 길을 이렇게 한달음에 달려왔습니다. 망명객에 불과한 제가 감히 대왕에게 무슨 가르침을 줄 수 있겠습니까?"라고 되물었지요. 그런데 합려는 오히려 그런 나를 기특하게 여겨 대부로 삼았어요. 이후에 나는 태재로 승진해 상국인 오자서와 함께 합려를 오월 시대의 첫 패자로 만드는 데 성공했습니다.

강패도 변호사　지금까지의 이야기를 들어 보면 오자서야말로 증인을 위기에서 구해 준 사람이 아닌가요? 그런데 증인은 왜 은인 오자서와 갈등을 빚게 된 것입니까?

백비　그건 오자서의 지나친 자만심 때문이지요. 당시 오자서는 합려를 제후들의 맹주로 만들고, 부차가 왕으로 즉위하는 데 큰 도움을 주었다며 자만심이 대단했어요. 그래서 자신도 모르게 수시로 군주를 깔보는 태도를 보였지요.

강패도 변호사　예를 들어 어떤 행동들인가요?

백비　부차가 제나라에서 승리를 거두고 철군했을 때, 문무백관들이 일제히 축하했으나 오직 오자서만 아무 말도 하지 않았지요. 또 자신의 주장이 받아들여지지 않자 부차를 하나라 걸왕과 은나라 주왕 등의 폭군에 비유하며 자리를 박차고 나가기도 했습니다. 충신은 군주의 자존심을 살려 주면서 적당한 때를 가려 충언할 줄 알아야 하는데 말이지요.

강패도 변호사　그렇지요. 그것이 신하의 길이지요.

백비　그럼에도 오자서는 때와 장소를 가리지 않고 군주의 심기를 거스르면서 자신의 주장만을 내세웠어요. 이는 군주의 명성을 깎고, 자신의 명예만을 드높이려는 의도로밖에 보이지 않았지요. 그가 부차에게 버림을 받은 것은 바로 이 때문입니다.

강패도 변호사　그런 오자서가 자식을 제나라에 맡기면서 더욱 부차의 미움을 산 거군요.

백비　당시 오자서가 자식들을 제나라에 맡겨 둔 것은 오나라가 곧 망하리라고 생각했기 때문입니다. 어떻게 신하가 되어 그리할 수 있습니까? 그건 자기 나라를 배반하고 남의 나라를 좇는 거예요. 그래서 내가 부차에게 철저히 그를 감시하라고 권한 거지요.

백비의 말을 듣고 있던 제왕도 변호사가 갑자기 끼어들었다.

제왕도 변호사　증인! 오자서는 오나라가 돌아가는 모습을 보고는
아들을 피신시킨 것입니다. 결국 오나라가 월나라에 망했으니 상황
을 잘 판단한 것이지요. 그런데 증인은 이를 **무함**해 오자서를 죽게
만들었지요. 어디 그뿐인가요? 증인은 월나라로부터 미녀와 보물을
상납받고 구천을 월나라로 돌려보냈지요. 오나라가 망하게 된 데는

증인도 한몫을 톡톡히 했다고 볼 수 있습니다. 그런데 무슨 할 말이 있어서 간신이 이곳 법정에 나온 것인지 모르겠습니다.

강패도 변호사   간신이라니요? 백비는 당시 오나라의 상황을 누구보다도 잘 아는 인물이기 때문에 증인으로 법정에 나왔습니다!

판사   제왕도 변호사, 감정을 앞세워 재판 진행을 흐리지 마세요. 백비는 증언을 계속하세요.

백비   내가 월나라의 문종에게 상납을 받은 것은 사실이지만 오나라를 궁지에 몰려는 의도는 전혀 없었어요. 당시 구천의 요구를 들어주지 않았다면, 오나라도 커다란 손실을 입었을 테지요. 더구나 장차 노비로 일하겠다며 애원하는 피고의 청을 물리칠 경우 열국의 군주들로부터 야박하다는 비난을 살 수밖에 없었습니다. 당시 상황에서 구천의 요구를 받아들이는 것은 어쩔 수 없는 일이었지요.

　　오나라의 잘못은 구천의 항복을 받아 준 데 있는 게 아니라, 이후 구천의 움직임을 면밀히 감시하지 못한 데 있었다고 봅니다. 그의 항복을 받아들인 것 자체가 잘못이라고 주장하는 것은 마치 범죄자의 죄를 말하면서 그 부모에게 책임을 묻는 것이나 다름없지요.

제왕도 변호사   증인은 계속 이상한 논리로 자신을 합리화하는군요. 판사님, 증인에게 질문할 내용이 있는데 해도 되겠습니까?

판사   좋습니다.

제왕도 변호사   증인, 대부분의 역사서에는 증인이 원고 부차를 잘

무함
없는 사실을 그럴듯하게 꾸며서 남을 어려운 지경에 빠지게 함을 이르는 말입니다.

못 이끌어 끝내 오나라를 망하게 했다고 기록되어 있습니다. 이것마저 부인할 건가요?

백비 그런 평가에 동의할 수 없습니다. 물론 구천의 속셈을 눈치채지 못한 것은 내 책임입니다만, 철저히 나와 부차를 속인 구천에게 더 큰 잘못이 있지요.

구천에게 더 큰 잘못이 있다는 백비의 말에 강패도 변호사의 표정이 어두워졌다. 제왕도 변호사는 피고 측 증인이 자신들에게 유리한 증언을 하자 회심의 미소를 지으며 질문을 이어 나갔다.

제왕도 변호사 좋습니다. 그럼 오자서가 죽은 뒤, 오나라가 패망의 길을 걷게 된 과정을 자세히 설명해 주시지요.

백비 기원전 482년 봄에 부차는 천하의 패권을 얻기 위해 황지에서 제후들과 회맹하며 스스로 패자로 군림하게 되었지요. 그러나 달도 차면 기울듯이 부차가 황지에서 회맹을 하던 때 월나라의 구천은 텅 빈 오나라의 수도를 순식간에 점령하고 말았습니다. 콰이지 전투에서 오나라에 패했던 월나라의 구천은 그 한을 잊지 않고 가시 많은 나무에서 자고 곰의 쓸개를 핥으며 복수를 다짐했던 것입니다.

제왕도 변호사 구체적으로 말해 줄 수 있습니까?

백비 물론입니다. 황지의 회맹 당시 부차는 중원의 맹주인 진나라를 제압하기 위해 오나라의 정예 병사들을 모두 이끌고 회맹에 참석했어요. 간교하게도 피고 구천은 이 틈을 노려 오나라의 도성을

왜 월나라 왕은 와신상담했을까?

갑자기 공격했지요. 부차의 태자 우(友)와 왕자 지(地), 왕손 미용(彌庸) 등이 늙고 허약한 병사들과 함께 도성을 지키고 있다는 사실을 이미 알고 있었던 겁니다. 한밤중에 흉기를 들고 노약자만 남아 있는 집을 골라서 터는 강도 짓을 한 셈이지요.

제왕도 변호사　　그렇게 말할 정도로 끔찍한 짓이었습니까?

백비　　당시 오나라 도성에 남은 군사는 제대로 훈련을 받지 못한 병사들인 데 반해 월나라 군사는 여러 해 동안 밤낮없이 훈련한 정예

사자
명령이나 부탁을 받고 심부름하는 사람을 말합니다.
밀사
몰래 보내는 사자를 일컫는 말입니다.

병들이었습니다. 결국 고소대가 불타고 태자 우 등이 모두 포로로 잡혔다가 이내 죽고 말았지요. 도성에 남은 군인과 백성은 성문을 굳게 닫은 채 황급히 사자를 부차가 있는 곳으로 보냈어요. 황지의 회맹에 참석한 부차는 오나라에서 이런 엄청난 일이 벌어진 사실을 전혀 모르고 있었지요.

제왕도 변호사 이 사건이 회맹에 영향을 미치지는 않았습니까?

백비 부차의 기민한 조치로 열국의 제후들은 오나라가 위험에 처했다는 사실을 전혀 눈치채지 못했지요. 당시 부차는 사자의 보고를 받고 크게 놀랐지요. 그는 밀사 중 한 명이 이 사실을 누설하자 밀사로 온 자들을 모두 벤 뒤 급히 여러 장수를 불러 놓고 대책을 논의했습니다. 왕손 낙(駱)은 돌아가는 길이 매우 머니 회맹을 포기하고 귀국해서는 안 되며, 일단 회맹에 참석해 진나라보다 먼저 삽혈 의식을 거행해야 한다고 했지요.

제왕도 변호사 그래서 원고가 왕손 낙의 말대로 했습니까?

백비 그렇습니다. 왕손 낙은 회맹에 참여하지 않고 돌아가면 월나라의 위세가 더욱 커져서 백성은 두려운 나머지 배반할 것이고, 제후들 역시 합세해 오나라 군사를 칠지도 모른다고 우려했지요. 그리고 진나라가 먼저 삽혈할 경우 오나라가 진나라의 명을 받아야 하니 우리가 진나라보다 먼저 삽혈하자고 했어요. 하지만 그러려면 먼저 진나라의 오만한 기세를 꺾어야 했습니다.

부차는 장병들을 모아 놓고 법령을 밝히면서 관원들에게 봉급을 주며 그들을 격려하는 한편 복종하지 않는 자들은 형벌로 다스렸어요. 그래서 전 장병이 목숨을 바쳐 싸울 뜻을 내비치자 기가 질린 진나라가 이내 양보했습니다. 그리하여 마침내 진나라를 제압하고 패자의 자리에 오를 수 있었습니다.

제왕도 변호사　회맹 직후 서둘러 철군하는 과정에서 부차가 증인에게 크게 화를 냈다고 들었는데요.

백비　맞습니다. 그는 피고 구천을 월나라로 돌려보내야 한다고 주장했던 나를 크게 질책했습니다. 내 잘못이 워낙 컸기 때문에 나는 직접 월나라 군영으로 가 사리를 따지며 강화를 요청했지요. 다행히 강화가 성립됐고, 월나라 군사는 철군했어요. 부차의 화도 어느 정도 누그러졌습니다.

제왕도 변호사　그러면 오나라는 그 후에 왜 패망하고 만 것입니까?

백비　원고 부차가 다시 월나라를 가볍게 여기고 교만한 기색을 드러낸 게 문제였어요. 사자를 주나라 왕실로 보내 황지의 회맹을 보고한 게 그 증거지요. ▶당시 보고를 받은 주 왕은 "나는 이를 매우 흔쾌히 생각한다. 장차 오랫동안 복을 누리고, 그 덕행이 사방에 넘치기를 바란다"라고 회답했습니다. 하지만 주 왕은 부차를 칭송하면서도 그를 제후들의 맹주로 삼겠다는 뜻을 밝히지는 않았지요. 그럼에도 원고 부차는 황지의 회맹을 인정받아 명실상부한 패자가 되었다고 착각했어요. 그리고 더 큰 문제는 그다음에 있었지요.

제왕도 변호사　더 큰 문제란 게 뭔가요?

백비　당시 부차는 패자가 된 사실에 만족한 나머지 월

교과서에는

▶ 주 왕조는 봉건제를 기반으로 하여 300여 년 동안 유지되었습니다. 그러나 시간이 지날수록 왕실과 제후 사이의 혈연 관계는 멀어지고, 반대로 제후들의 세력은 강화되었지요. 이때 마침 서북쪽에서 견융이 침입하자, 중국은 춘추 전국 시대라고 하는 분열과 전쟁의 시대를 맞게 되었습니다.

나라의 침공에 대비한 방비를 소홀히 했습니다. 만일 그가 정신을 차리고 방비를 철저히 했다면 그토록 허망하게 오나라가 패망하지는 않았겠지요.

제왕도 변호사 이 모든 점을 감안할시라도 오나라 패망의 가장 큰 이유는 피고 구천에게 있습니다. 은인의 등에 칼을 꽂는 행위를 했으니 원…….

존경하는 판사님, 그리고 배심원 여러분! 증인의 증언처럼 원고 부차는 피고의 거짓 항복과 거짓 충성을 진심으로 받아들인 죄밖에 없습니다. 오히려 배은망덕한 피고에게 더 큰 책임을 물어야 합니다. 원고가 이번 소송을 제기한 것도 바로 이 때문이지요.

제왕도 변호사가 제자리로 돌아가자 강패도 변호사가 원고 부차 쪽으로 다가가며 말을 이었다.

강패도 변호사 제가 볼 때 오나라가 패망한 가장 큰 책임은 원고 자신에게 있습니다. 터무니없이 자만하여 안이하게 대처했기 때문이지요.

부차 동의하지 않소! 5년 후, 구천은 다시 우리 오나라로 쳐들어왔는데 당시 오나라는 잇단 흉년과 거듭된 전쟁으로 백성들이 많이 지쳐 있었소. 그래서 우리 군대는 성을 지키기에 급급해 월나라의 침공에 효과적으로 대처할 수 없었다오.

강패도 변호사 일부 역사서를 보면 원고가 월나라 침공에 대비하

기는커녕 정사를 돌보지 않고 주색에 빠져 있었다고 기록되어 있습니다.

부차 아니오, 그렇지 않소! 당시 나도 나름대로 대책을 세웠소. 다만 여러 사정이 겹치는 바람에 효과적으로 대처하지 못했을 뿐이오. 나의 가장 큰 잘못은 월나라를 가볍게 보고, 천하를 호령하는 일에 더 큰 관심을 기울인 데 있소. 월나라 군사는 내가 재위한 지 18년째가 되는 기원전 477년에 다시 우리 오나라를 대대적으로 침공했소. 내가 황지의 회맹에서 돌아온 지 5년 뒤의 일이지요.

나도 모든 군사를 일으켜 입택(笠澤: 지금의 타이후 호)에서 이들과 대치했소. 입택은 동서가 300리(약 118km), 남북이 120리(약 47km), 둘레가 500리(약 197km)나 되는 바다와 같이 큰 호수요. 양측 모두 물에서의 싸움에 대비해 모든 배를 입택에 집결시켰지요. 나와 피고 모두 이 싸움이 두 나라의 운명을 좌우할 것이라는 사실을 깨닫고 군사력을 총동원한 것이오.

강패도 변호사 군사력을 총동원했는데도 원고의 오나라 군사가 패한 요인은 뭐라고 생각합니까?

부차 당시 나는 모든 면에서 우리 군사가 유리하다고 판단했소. 그럼에도 우리 군사가 패한 것은 적의 교묘한 기습 작전에 말려들었기 때문이오. 당시 월나라의 좌군과 우군이 북소리에 맞춰 강을 건너기 시작했다는 보고를 듣고, 나는 급히 군사를 둘로 나눠 이들의 진격을 저지하려고 했소. 그러나 이는 적의 속임수였소.

강패도 변호사 속임수가 아니라 뛰어난 전략이라고 하는 게 옳지 않을까요?

부차　당시 구천은 좌군과 우군으로 나뉘어 싸우는 틈을 이용해 최정예 부대로 구성된 중군을 이끌고 몰래 강을 건너온 뒤, 우리 오나라 진영의 한가운데를 급습했소. 나는 구천이 깃발을 눕히고 북을 울리지 않는 계책을 구사하며 급습하리라고는 생각지도 못했소. 결국 우리 오나라 군사가 대패한 까닭에 나는 황급히 도망칠 수밖에 없었소.

　　구천은 세 차례에 걸쳐 우리 오나라 군사를 크게 물리치고 마침내 우리 도성까지 쳐들어왔소. 나는 도성의 성문을 굳게 닫고 저들이 지치기만을 기다렸지요. 구천도 포위전을 계속할 수 없어, 이내 군사를 이끌고 철수했다오.

강패도 변호사　원고는 그 이후에도 다시 방어를 소홀히 하는 잘못을 저질렀습니다. 반면 피고는 오나라를 한 번에 무너뜨리기 위해 더욱 철저히 준비했던 것이지요. 당시 오나라 요왕의 아들 공자 경기(慶忌)가 원고에게 구천에 대한 경계를 끝까지 늦추지 말라고 경고했는데도 원고는 이를 받아들이지 않았습니다. 이것이 오나라 패망의 가장 큰 책임이 원고에게 있다는 명백한 증거가 아니고 또 무엇이겠습니까?

부차　그에 대해서는 변명하지 않겠소. 당시에 나는 공자 경기의 부친인 오나라 요왕이 나의 부친인 합려에게 죽임을 당했기 때문에, 내게 원한을 품고 그런 말을 한 것으로만 생각했소. 그런데 얼마 안 돼 과연 구천이 대군을 이끌고 우리 오나라로 쳐들어왔소. 당시 월나라 군사가 우리 도성을 포위한 까닭에 우리는 거의 3년 동안 고립된 상태에서 월나라군과 힘겹게 싸워야 했소.

부차는 설움이 북받치는지 한동안 말을 잇지 못했다. 강패도 변호사도 더 이상 다그치지 못하고 법정 한가운데 어정쩡하게 서 있었다.

판사　원고, 계속 이야기할 수 있겠습니까? 힘들면 잠시 쉬었다 다시 이야기해도 좋습니다.

부차　아니오. 이 이야기는 꼭 하고 싶었소이다. 흠, 나는 마침내 항복을 결심하고 오나라의 모든 백성이 구천의 노비가 될 것을 약속했소. 이런 치욕이 또 없었지…… . 하지만 예전에 내가 구천을 용서한 적이 있기 때문에 내가 구천에게 항복하더라도 그가 모른 척하지는 않을 것이라 여겼소. 그러나 그것은 내 착각에 불과했소. 피고의 대답은 차갑기 그지없었지. 구천의 사자가 내게 와서 "전에 하늘이 월나라를 오나라에 상으로 내렸을 때 오나라는 이를 받아들이지 않았다. 지금 하늘이 우리 월나라에 오나라를 상으로 내렸으니 나는 감히 하늘의 명을 거역할 수 없다. 오 왕은 바다에서 멀리 떨어진 곳으로 가라. 300명의 사람들을 보내 죽을 때까지 시중을 들도록 조치해 주겠다"라고 전했습니다.

부차가 서러운 마음에 잠시 숨을 고르는 사이 제왕도 변호사가 앞으로 나왔다.

제왕도 변호사 판사님, 그리고 배심원 여러분, 부차는 월나라의 구차가 패했지만 그를 다시 월나라로 돌려보내 왕 노릇을 하게 해 준 적이 있었습니다. 그런데 구천은 그런 부차를 내쫓고 그에게 씻을 수 없는 모욕과 상처를 안겨 주었지요. 부차가 어디 살 수 있었겠습니까?

난세
전쟁이나 무질서한 정치 따위로 어지러워 살기 힘든 세상을 가리키는 말입니다.

부차   그때서야 모든 후회가 밀려왔소. 나는 하늘이 이미 오나라에 재앙을 내렸다고 생각했소. 월나라가 오나라의 모든 땅과 백성을 이미 손에 넣었으니 군주인 내가 무슨 낯으로 목숨을 이어 갈 수 있었겠소이까. 죽어서 지하에 가도 선왕들을 뵐 면목이 없었지. 특히 오자서의 말을 끝까지 따르지 않은 것이 후회스러웠다오. 한때 천하를 호령했던 내가 마지막까지 위엄을 잃지 않고 최후를 마칠 수 있는 유일한 길은 스스로 목숨을 끊는 것밖에 없었소. 그래서 내가 죽으면 반드시 앞을 보지 못하도록 눈을 덮어 달라고 당부하고, 기원전 473년 겨울에 스스로 목숨을 끊어 내 마지막 명예를 지켰소이다.

방청석이 소란스러워졌다.

"구천이 너무했어!"

"그러게 말이야, 정말 배은망덕했지 뭐야?"

"무슨 소리야? **난세**에는 구천처럼 강력한 패도로 나라를 다스려야 한다고!"

"맞아, 부차처럼 냉혹한 현실을 제대로 보지 못한 채 왕도만을 좇는 것은 패망의 길이지."

강패도 변호사가 원한에 사무쳐 눈물을 닦고 있는 원고에게 질문하려 하자 판사가 이를 막았다.

판사   잠깐, 강패도 변호사, 자리로 돌아가세요. 나머지 질문은 다음 재판에서 하세요. 자, 오늘 재판에서는 원고 부차가 피고인 구천을 살려 주며 자신은 '왕도에 가까운 패도'를 실천했다고 말했습니다. 다음 세 번째 재판에서는 이와 반대로 피고 구천이 '왕도와 동떨어진 패도'를 구사한 배경 등을 알아보도록 하지요. 그럼, 오늘 재판은 이것으로 마치겠습니다.

땅, 땅, 땅!

다알지 기자

시청자 여러분, 안녕하세요? 누구보다 빠르게 소식을 전하는 역사공화국 법정 뉴스의 다알지 기자입니다. 부차 대 구천의 두 번째 재판에서는 오자서와 백비가 증인으로 나와 원고 부차가 구사한 '왕도에 가까운 패도'의 실체에 관해 증언했습니다. 두 증인은 오월 시대의 역사에 대해 정말 생생한 증언을 해 주었지요. 증언을 통해 원고 부차가 어떻게 피고 구천에게 패해 스스로 목숨을 끊었는지 자세히 알 수 있었습니다. 재판 도중 당시의 억울한 감정이 되살아난 원고 부차는 잠시 눈물을 보이기도 했는데요. 그럼 오늘은 치열한 공판을 벌인 원고 측과 피고 측 변호사에게 한 말씀씩 들어 보겠습니다. 먼저 원고 측 제왕도 변호사, 오늘 재판에 대해 한 말씀 해 주시지요.

제왕도 변호사

　아주 만족스러운 재판이었습니다. 오늘 재
판에서 부차가 행한 왕도를 입증하기 위해 변
론했는데요. 먼저 오자서의 증언을 통해 부차가 얼
마나 효자였는지를 밝혔습니다. 부차는 아버지인 합려의 유언을 따르
기 위해 부단히 노력했고, 결국 월나라를 제압했지요. 원고는 능히 패
자가 될 만한 큰 덕을 지닌 인물이었습니다. 그에 반해 피고는 철두철
미하게 원고를 기만했습니다. 어찌 패자라는 자가 부덕하게 자신의 목
숨을 살려 준 은인의 등에 칼을 꽂는 행위를 할 수 있었을까요? 그에
비해 원고는 원수인 피고의 목숨을 살려 주었지요. 이것이야말로 원
고 부차가 진정한 '왕도에 가까운 패도'를 구사했음을 잘 보여 주는 예
입니다.

강패도 변호사

　　하하. 오늘 재판에서 원고 측 변호사는 원고 부차가 '왕도에 가까운 패도'를 구사했다고 자꾸 우기시는데 참 기가 차더군요. 원고 부차는 간신 백비의 꼬임에 넘어가 스스로 제 무덤을 판 어리석은 임금이었습니다. 충신인 오자서의 충언에 귀 기울이지 않았고 결국 죽음으로 내몰았지요. 그런 임금이 '왕도에 가까운 패도'를 구사했다고요? 오나라는 원고의 허영심과 어리석음 때문에 패망했습니다. 황지의 회맹을 인정받아 명실상부한 패자가 되었다고 착각하며 허영을 부렸고, 월나라의 침공에 대한 방비를 소홀히 하는 어리석은 짓을 했지요. 오나라의 패망은 모두 원고의 자업자득입니다. 그런 그가 '왕도에 가까운 패도'를 운운하며 피고를 비난하다니요. 어떤 판결이 나올지 기대됩니다.

춘추 전국 시대의 화폐를 만나다

춘추 시대 중기부터 철이 사용되었습니다. 철은 이전에 사용되던 청동에 비해 단단하고 매장량이 풍부하였지요. 때문에 철로 만든 농기구가 보급되어 생산량은 크게 늘게 되었고 농업 생산량이 높아지자 상업까지 발달하게 됩니다. 상업의 발달은 각종 화폐의 발달을 가져오게 되었지요.

도전(刀錢)

칼 모양으로 생긴 이 유물은 무기가 아니라 화폐입니다. 바로 '도전' 또는 '도화'라 불리는 손칼 모양의 청동 화폐이지요. 춘추 전국 시대에 주로 항허 강 하류 지역에서 사용되었던 것으로 보입니다. 유물에 쓰여 있는 글자와 유통되었던 지역에 따라 '명도'와 '제도' 등으로 구분되기도 하지요.

포전(布錢)

포전은 춘추 시대 중기부터 전국 시대까지 사용된 청동 화폐로 '포화' 또는 '포폐'라고도 불렀습니다. 춘추 시대의 주요한 산업이 농업이었기에 사람들이 가장 익숙히게 본 것은 바로 농기구였습니다. 때문에 화폐 역시 농기구 모양을 본떠서 만들었지요. 처음에는 농기구의 실제 모양을 충실히 따랐지만 점차적으로 단순화되었습니다. 농기구의 모양을 본뜬 것으로 알려진 이 포전은 약간씩 모양이 다른데 이 모양에 따라 이름이 달랐습니다.

첨족포(尖足布)

포전 중 양쪽 다리가 뾰족한 것은 '뾰족한 다리의 화폐'라는 뜻의 첨족포라는 이름을 가지기도 하였지요.

방족포(方足布)

방족포는 양쪽 어깨 부분과 다리 부분이 각이 진 형태를 말합니다.

열국포(列國布)
포전들 중에서도 키가 크며 다리가 길
고 상단에 동그란 구멍이 있는 형태를
열국포라 불렀습니다.

오자도

도전과 같이 칼 모양을 하고 있는 이 유물은 '오자도'라는 이름
을 가진 화폐입니다. 5개의 글자가 적혀 있다고 해서 이런 이
름이 붙었지요. 다섯 글자의 내용은 '절묵지법화(節墨之法化)'
로, 여기서 '절묵'은 지명으로 춘추 시대 말기에 제나라에 병합
된 곳을 가리키는 말입니다.

출처: 한국은행 화폐박물관(http://museum.bok.or.kr)

구천은 이떻게 패업을 이뤘을까?

1. 구천은 왜 와신상담했을까?
2. 구천은 왜 문종을 토사구팽했을까?

구천은 왜
와신상담했을까?

판사　이번 소송의 마지막 재판을 시작하겠습니다. 먼저 피고 측 변호인부터 시작해 주세요.

강패도 변호사　오늘 저는 두 가지 사실을 증명해 보이겠습니다. 첫째는 원고가 계속 피고 구천이 비열한 방법으로 승리를 거두었다고 말하는 것이 적절하지 않다는 점입니다. 당시는 전쟁이 끊이지 않던 춘추 전국 시대였습니다. 혼란스러운 상황에서 자기 나라를 위해 수단과 방법을 가리지 않고 승리를 거둔 것은 큰 잘못이 아니라고 봅니다. 둘째는 부차의 패망은 본인의 잘못에서 비롯된 것으로 결코 피고 구천이 그를 기만했기 때문이 아니라는 점입니다. 이를 밝히기 위해 증인 범려를 부르고자 합니다.

판사　알겠습니다. 증인 범려는 나와서 증인 선서를 해 주세요.

범려 ▶나는 초나라에서 태어나 어렸을 때부터 많은 책을 읽으며 천하에 뜻을 두었습니다. 그러나 알아주는 사람이 없어 떠돌아다니던 중, 월나라 대부인 문종의 추천으로 구천을 섬기게 되었지요. 그래서 나는 구천이 콰이지 전투에서 부차에게 패한 후 오나라의 노비가 되었을 때 구천을 따라 오나라에 함께 들어갔습니다.

강패도 변호사 당시 증인이 구천의 곁을 떠나지 않은 이유는 무엇입니까?

범려 부차도 내게 비슷한 질문을 한 적이 있습니다. 당시 구천은 부차가 수레를 타고 사냥을 떠날 때마다 채찍을 들고 부차의 마차를 호위하며 따라다녔습니다. 하루는 부차가 구천과 나를 부른 뒤, 문득 나에게 이렇게 물었습니다. "현명한 여인은 몰락한 집에 시집가지 않고, 뛰어난 선비는 멸망한 나라에서 벼슬하지 않는다. 지금 월나라의 왕 구천은 나라를 잃고 노비가 되었다. 그대가 월나라를 버리고 오나라를 섬긴다면 과인은 그대의 죄를 사면하고 큰 벼슬을 내리도록 하겠다"고요. 하지만 나는 이를 조심스럽게 사양했습니다.

강패도 변호사 아니 그것을 왜 사양했습니까?

범려 망국의 군주는 정사를 말하지 않고, 패전의 장수는 용맹을 말하지 않습니다. 나는 월나라에서 구천을 잘 보좌하지 못해 그에게 큰 죄를 지었습니다. 하지만 나는 운 좋게 죽지 않고 살아남아 오나라에서 말을 기르며 마당을 쓸고 있으니, 이미 큰 은혜를 입은 것입니다. 그런데 어

교과서에는

▶ 춘추 전국 시대에는 국가의 형태가 도시 국가에서 영토 국가로 발전했으며, 봉건제가 무너지고 중앙 집권적인 군현제가 등장했습니다. 귀족제가 무너져 개인의 능력과 노력으로 높은 사회적 지위를 얻을 수 있는 경향도 확산되었지요.

찌 감히 부귀를 넘보겠습니까? 나의 이런 뜻을 전하자 부차는 더 이상 강요하지 않고 구천과 나를 물러나게 했습니다. 그리고 그의 부하들이 우리를 감시했지요. 구천과 나는 부차에 대한 어떠한 원망이나 불만의 기색도 드러내지 않기 위해 극도로 몸을 낮추고 조심했습니다.

강패도 변호사　당시 증인은 피고에게 원고 부차의 환심을 살 수 있는 기상천외한 계책을 일러주었다고 들었는데요, 대체 어떤 내용이었습니까?

범려　한번은 부차가 병에 걸려 자리에 누웠습니다. 하지만 나는 시간이 지나면 부차의 병이 치유될 것을 알았지요. 이에 내가 구천에게 계책을 하나 일러주었지요. 구천은 곧 부차를 찾아가 "신이 대왕의 변을 보고 병세의 길흉을 판단해 보도록 하겠습니다"라고 말했습니다. 그러고는 손으로 소변과 대변을 각각 떠서는 한 번씩 맛본 뒤에 금방 나을 수 있다고 말했지요. 그러니 부차가 그 이유를 물었습니다.

강패도 변호사　구천은 증인이 일러준 대로 잘 대답했습니까?

범려　네, 그렇습니다. 구천은 "신은 일찍이 의술을 조금 배운 까닭에 환자의 대변만 맛보아도 그 병세를 금세 알아낼 수 있습니다. 대왕의 대변은 마치 곡식의 맛처럼 시큼하면서도 씁니다. 이로써 대왕의 병세는 염려할 필요가 없다는 것을 알 수 있습니다"라고 말했지요. 그리고 얼마 후 내 예상대로 부차는 병이 다 나았습니다. 우리에게 몹시 감동한 부차는 구천과 나를 월나라로 돌려보내 주었지요.

강패도 변호사　후대 사람들은 증인을 뛰어난 지략가라 하던데, 과연 그 말이 맞는 듯하군요.

범려　그렇게 평가해 준다면 나로서는 고마운 일이지요. 당시 구천과 나는 살아남기 위해 모든 방법을 동원했습니다. 구천은 직접 들에 나가 백성과 함께 농사를 짓고, 구천의 부인은 직접 베를 짜면서 백성과 함께 고생했지요. 이에 월나라 백성의 삶도 점차 안정되고, 국력 또한 몰라보게 커졌습니다. 실제로 10년 동안 세금을 거두지 않자, 백성 모두 3년분의 식량을 비축할 수 있게 되었습니다.

강패도 변호사 ▶식량이 쌓이자 이것을 계기로 대대적인 인구 장려책을 썼다고 들었는데요. 어떤 정책이었는지 설명해 주시지요.

범려 남자아이를 낳으면 술 두 병과 개 한 마리를 주고, 딸을 낳으면 술 두 병과 작은 돼지 한 마리를 주었습니다. 쌍둥이를 낳으면 필요한 음식을 제공하고, 세쌍둥이를 낳으면 유모를 붙여 주었지요. 그러자 인구가 빠르게 늘었습니다. 대외 관계도 신중하게 했지요. 각국의 저명인사를 만날 때면 반드시 궁궐에서 연회를 베풀어 환대하며 존중의 의사를 표시했습니다.

강패도 변호사 그런데 증인이 피고 구천에게 '왕도와 동떨어진 패도'를 권한 것도 같은 차원에서 나온 것입니까?

범려 그렇습니다. 당시 중원의 맹주로 활약했던 진나라에서는 권세를 잡은 신하들이 군주를 멋대로 농락하며 사실상 주인 행세를 했습니다. 동쪽의 강국인 제나라에서는 신하가 군주를 시해하고 나라를 빼앗는 일이 벌어지기도 했지요. 이런 상황에서 부차처럼 '왕도에 가까운 패도'를 구사하는 것은 곧 패망을 자초하는 것이나 다름없었습니다. '왕도와 동떨어진 패도'는 당시로선 불가피한 선택이었지요.

강패도 변호사 제가 볼 때도 원고 부차는 허영심이 많고 어리석은 군주였던 것 같습니다. 백비와 같은 간신의 아첨

교과서에는

▶ 춘추 전국 시대의 각국의 제후들은 적극적으로 나라를 부강하게 만들기 위해 노력했습니다. 이때 철기의 사용이 군사 면에서 큰 영향을 주었지요. 철제 무기를 사용하면서 보병과 기병이 나타났고, 일반 백성도 전쟁에 참여하게 되었습니다.

왜 월나라 왕은 와신상담했을까?

에 넘어간 게 그 증거이지요. 증인은 이를 어떻게 생각합니까?

범려　동감입니다. 부차가 구천을 살려 준 것은 확실히 '왕도에 가까운 패도'를 따른 것이라 생각합니다. 하지만 그렇다고 하더라도 부차를 살려 주지 않은 피고 구천을 비난하는 것은 잘못입니다. 시대 상황이 예전보다 더욱 혼란스러워졌기 때문입니다. 부차가 시대의 흐름을 제대로 보지 못한 탓이지요.

강패도 변호사　그러게 말입니다. 제 의뢰인인 구천은 애초부터 이를 알아보았는데 말이에요.

범려　사실 구천도 부차가 항복을 선언하며 강화를 요청했을 때 크게 흔들렸습니다. 하지만 오나라에 설욕하기 위해 지난 20년 동안 쉼 없이 노력해 이제 겨우 성사 단계에 이르렀는데, 왜 하루아침에 이를 허물려고 하느냐며 내가 강력히 반대했지요. 그토록 바라던 오나라의 멸망이 바로 눈앞에 다가온 때였으니 그들의 청을 받아들여서는 안 될 일이었습니다.

강패도 변호사　원고처럼 '왕도에 가까운 패도'를 구사할 경우 다시 부차에게 당할 수 있기에 단호히 거절하라고 말한 것이군요.

범려　그렇습니다. 피고가 역대 패자들의 명예를 훼손했고, 약육강식의 전국 시대를 불러왔다는 원고 측의 주장은 과장이 심합니다. 피고 역시 원고와 마찬가지로 당시의 시대 상황에 맞춰 힘을 키운 후 패자의 자리에 오른 것뿐입니다. 원고가 패망한 것은 천하대세의 흐름에 따르지 못했기 때문이지요. 더구나 그는 조그마한 성공에 만족한 나머지 월나라를 무시하며 기고만장했습니다. 이는 난세의 패

자가 취할 자세가 아닙니다.

강패도 변호사가 질문을 마치고 자리에 가서 앉자 제왕
도 변호사가 벌떡 자리에서 일어섰다.

기고만장
일이 뜻대로 잘될 때 우쭐하여 뽐
내는 기세가 대단함을 말합니다.

제왕도 변호사 판사님, 증인에게 반대 신문을 하고자 합니다.

판사 네, 좋습니다. 시작하세요.

제왕도 변호사 증인은 계속 당시 상황에서는 수단과 방법을 가리
지 않고 패업을 성취할 수밖에 없었다고 주장하는데요. 그 근거가
뭡니까? 난세에는 신의를 완전히 내던진 채, 서로 속고 속이는 '패
도'만을 구사해야 한다고 주장하는 것입니까?

범려   그렇지 않습니다. 아무리 극도로 어지러운 시기일지라도 최소한의 신의와 예의는 있어야 하고, 또 지켜져야만 하지요. 그러나 국가가 사라질 수도 있는 위험한 상황에서 원고 부차처럼 '왕도에 가까운 패도'를 고집할 경우 이것은 오히려 화를 불러올 수 있습니다. 나는 이 점을 지적한 것입니다.

제왕도 변호사   잠깐만요, 실제로 피고 구천도 원고 부차를 제압한 뒤 '왕도에 가까운 패도'의 행보를 보인 적이 있지 않습니까?

범려   그건 맞습니다. 구천은 오나라를 제압한 이듬해 여름, 대군을 이끌고 북으로 올라갔습니다. 주 왕실은 구천에게 종묘에서 제사를 지낸 고기를 내리며 그를 제후들의 맹주로 삼았습니다. 당시, 종묘에서 제사 지낸 고기를 내리는 것은 명실상부한 패자로 인정한다는 뜻이었습니다. 사실 원고 부차는 이런 승인을 받지도 못했습니다. 그런 의미에서 보면 원고 부차야말로 춘추5패에 낄 자격이 없는 것이지요.

제왕도 변호사   당시 제후들이 피고의 은덕을 칭송하며 패왕(覇王)으로 부른 이유는 뭔가요?

범려   구천은 몇 가지 점에서 '왕도에 가까운 패도'를 실천했습니다. 화이허 강(淮河)을 건너 남으로 내려온 뒤 화이허 강 유역 일대의 땅을 초나라에게 주고, 오나라가 빼앗은 송나라 땅을 반환하고, 노나라에 쓰수이 강(泗水) 동쪽의 사방 100리(약 40km)에 달하는 땅을 주었지요. 이는 천하의 맹주로 공인받은 데 따른 것입니다. 이 또한 원고 부차가 전혀 하지 못한 일이지요.

왜 월나라 왕은 와신상담했을까?

구천이 '왕도와 동떨어진 패도'를 구사했다는 원고 측의 주장은
설득력이 약합니다. 피고가 '패왕'의 자리에 오를 때까지 잠깐 기만
적인 술책을 썼던 것은 사실입니다. 그리고 내가 그런 계책을 제안
했기에 이를 부인하지는 않겠습니다. 그러나 피고 구천을 평가할 때
는 반드시 패자가 된 이후에 그가 보여 준 '왕도에 가까운 패도'의 행
보까지 고려해 총체적으로 평가할 필요가 있습니다.

제왕도 변호사   증인은 지금 궤변을 늘어놓고 있습니다. 원래 '패왕'
이란 호칭은 무력을 동원한 '패도'를 '왕도'로 포장한 것에 지나지 않습니다.

범려　원고 부차와 피고 구천을 단순히 도덕적인 잣대로 평가해서는 안 됩니다. 그것은 나라의 존망이 걸려 있었기 때문입니다. 당시 부차는 오자서의 간언에 따라 구천을 제거했어야만 했습니다. 그것이 '왕도에 가까운 패도'에 어긋난다고 판단했다면 일단 살려 준 뒤 사람을 파견해서라도 구천의 움직임을 철저히 감시했어야 했습니다. 그러나 그는 이런 일도 하지 않았습니다. 그는 작은 승리에 도취해 스스로 패자를 자처하며 국력을 소진했습니다. 오나라가 패망한 것은 바로 이 때문이었습니다.

제왕도 변호사가 흥분한 표정으로 목소리를 높였다.

제왕도 변호사　증인은 계속 궤변을 늘어놓는군요! 평화로운 시대나 혼란한 시대를 막론하고 구천의 기만적인 행동은 결코 본받아서는 안 됩니다. 그의 행동에는 일말의 신의조차 찾을 수 없기 때문입니다.

제왕도 변호사는 천천히 배심원석으로 몸을 돌리며 말을 이었다.

2

구천은 왜 문종을
토사구팽했을까?

제왕도 변호사   존경하는 판사님, 그리고 배심원 여러분! 증인의 궤
변을 무시해 주시기 바랍니다. 『춘추좌전』의 기록을 보면 피고 구천
은 뱀처럼 냉혹한 사람입니다. 한때, 월나라의 대부로 있던 문종을
가차 없이 제거한 **토사구팽**(兔死拘烹)이 그 증거입니다. 판사님, 증인
으로 문종을 불러 주시기 바랍니다.

판사   네, 증인 문종은 자리해 주십시오.

　문종이 증인석에 나와 선서를 하고 자리에 앉자 제왕도 변호사가
다가와 간단히 자기소개를 해 줄 것을 요청했다.

문종   나는 젊었을 때부터 피고 구천의 아버지인 월 왕 윤상을 섬

토사구팽

『사기』의 「월왕구천세가」에서, 범려가 문종을 염려하여 보낸 글 중 '새를 사냥하는 일이 끝나면 좋은 활이 묻히고, 영리한 토끼가 시리지면 **훌륭한** 시냥개는 잡아 먹힌다'라는 내용에서 유래된 고사성어입니다.

겠습니다. 당시 나는 오 왕 합려가 천하를 호령하는 것을 지켜보면서 월나라가 살아남기 위해서는 반드시 오나라를 제압해야만 한다는 사실을 깨달았지요. 그래서 나는 사방으로 인재를 찾으러 다니던 중, 마침내 초나라에서 범려를 찾아냈습니다. 나는 곧 그를 구천에게 추천했지요. 구천도 그의 재능을 이내 알아보고 대부에 임명했습니다. 당시 범려가 나를 만나지 못했더라면 때를 만나지 못한 것을 한탄하며 평범한 삶을 살다가 죽었을지도 모릅니다.

제왕도 변호사　그러나 증인은 결국 토사구팽의 덫에 걸리지 않았습니까?

문종　당시 나는 피고 구천이 그처럼 냉혹한 사람인지 전혀 몰랐습니다. 범려는 구천을 패자로 만든 뒤 벼슬을 내놓고 떠났지만 나는 그리하지 못했습니다. 고금을 막론하고 군주를 두렵게 만드는 신하는 살아남기 어렵다는 사실을 죽기 직전에야 깨달았습니다.

제왕도 변호사　예를 들자면 지난 재판에 증인으로 나온 오자서처럼 말입니까?

문종　그렇습니다. 오나라의 오자서가 죽임을 당한 것도 따지고 보면 나의 경우와 별반 다르지 않습니다. 당시 나는 이처럼 간단하고도 잔인한 이치를 제대로 깨닫지 못했지요. 범려는 나에게 함께 떠날 것을 권하면서 "높이 나는 새가 흩어져 사라지면, 좋은 활은 창고 속에 묻히고, 영리한 토끼가 사라지면 좋은 사냥개는 이내 삶아 먹히게 되오. 마찬가지로 적이 멸망하면 계책을 낸 신하는 죽게 되는 법이오. 구천은 **장경오훼**(長頸烏喙)의 상을 하고 있소. 이러한 상을 한 사람은 고난은 같이할 수 있어도 즐거움은 같이 나눌 수 없고, 모험은 함께할 수 있어도 안락은 같이 즐길 수 없소"라고 말했습니다. 하지만 당시에 나는 그런 식견이 없었던 까닭에 이를 무시했지요.

제왕도 변호사　　거, 의심이 많은 군주를 모실 때는 잠시라도 곁에서 멀어지면 이내 화를 당하게 된다는 얘기도 있지 않습니까.

문종　　그러게요. 그러니 나의 죽음은 자업자득인 셈이지요. 구천은 범려가 떠난 이후 날이 갈수록 사람들을 의심하는 정도가 심해졌습니다. 이에 나도 조정으로 향하는 발길을 줄였지요. 얼마 후 어떤 사람이 구천 앞에서 "문종은 제나라의 **포숙아**처럼 상국의 높은 자리를 범려에게 양보하고, 군왕을 도와 마침내 패업을 성취했습니다. 그런데도 그는 내심 대왕을 원망하고 있습니다"라며 나를 헐뜯었습니다.

제왕도 변호사　　그러자 구천은 어떻게 했습니까?

문종　　구천은 이 말을 곧이듣고 나를 더욱 의심했습니다. 그는 재위 25년째 되는 기원전 472년 1월에 문득 나를 궁 안으로 불러 "상대편을 알기는 쉬워도 자기편을 알기는 어렵다"면서 내가 어떤 사람인지를 모르겠다고 했습니다. 그래서 나는 "신은 이미 여러 차례에 걸쳐 간언을 올리며 대왕의 심기를 거스른 바 있습니다. 그러나 신은 목숨을 아끼려고 할 말을 하지 않을 수는 없었습니다. 전에 범

장경오훼
목이 길고 까마귀 부리같이 입이 뾰족하다는 뜻입니다. 범려는 구천이 참을성이 많아 어려운 때는 같이할 수 있으나, 잔인하고 욕심이 많으며 남을 의심하는 마음이 강하니 안락은 같이 누릴 수 없는 인상이라며 문종에게 충고한 것이지요. 요즘에는 성취하고자 하는 일을 이루고 나면, 협력자나 동지에게 등을 돌릴 인상을 일컫는 말로 주로 쓰입니다.

포숙아
춘추 시대 제(濟)나라의 정치가로 친구 관중(管仲)을 제나라의 환공(桓公)에게 추천하고 그를 도와 정치를 한 인물입니다. 관중과 포숙아의 사귐과 같이 서로 믿으며 정답게 지내는 우정을 두고 관포지교(管鮑之交)라 합니다.

려는 나라를 떠나면서 신에게 토사구팽을 언급한 바 있습니다. 신은 이미 대왕의 속마음을 읽고 있습니다"라고 대답했지요. 그러자 얼마 후 피고 구천이 다시 나를 불러들였습니다.

문종은 목이 타는지 증인석에 놓인 물을 벌컥벌컥 들이켜고 나서 다시 말을 이었다.

문종   구천은 나에게 "그대가 말한 아홉 가지 계책 중 겨우 세 가지만 사용했는데도 강대한 오나라를 멸망시켰소. 나머지 여섯 가지는 아직 사용하지도 않았소. 바라건대 나머지 계책은 나의 선군들을 위해 지하에서나 써 주기 바라오!"라고 말하고는 이내 안으로 들어가 버렸습니다. 나 스스로 죽으라고 명한 것이지요. 나는 물러나오며 크게 탄식했습니다. '큰 은혜는 보답받을 수 없고, 큰 공은 포상받을 수 없다'는 말이 바로 그런 때를 두고 하는 말이었지요. 나는 범려의 말을 듣지 않아 결국 구천에게 죽임을 당하는구나 싶었습니다.

제왕도 변호사   그 말을 스스로 목숨을 끊으라는 뜻으로 받아들이지 않을 수도 있지 않았을까요? 이를테면 그냥 멀리 떠나라거나 그 정도의 말로…….

문종   아닙니다. 내가 돌아 나오자 구천은 사람을 시켜 나에게 촉루검을 전했습니다. 촉루검을 받자 저절로 터져 나오는 탄식을 막을 길이 없었지요. 나는 "장차 왕조가 교체되는 난세가 찾아올 때마다 세상의 충신들은 반드시 나를 경계로 삼으라!"고 말하고는 이내 칼

을 물고 엎어져 스스로 목숨을 끊었지요. 내가 생각해도 참으로 비참한 최후였습니다.

제왕도 변호사 존경하는 판사님, 그리고 배심원 여러분! 피고 구천은 비열한 수법으로 패자의 자리에 오른 것도 모자라 자신에게 한없는 충성을 바친 사람까지 토사구팽의 제물로 삼았습니다. 그는 역대 패자들의 명성에 먹칠한 파렴치한입니다.

다시 방청석이 소란스러워졌다.

"맞아, 어떻게 한없는 충성을 바친 신하를 제물로 삼은 거지?"

"글쎄 말이야. 구천은 염치도 없는 파렴치한이야!"

제왕도 변호사가 이러한 방청석의 분위기를 즐기며 뜸을 들이다 말했다.

제왕도 변호사　　증인은 피고 구천을 칭송한 『사기』의 기록을 어떻게 생각합니까?

문종　　사마천은 오월 시대로부터 300여 년 뒤에 태어난 까닭에 당시의 상황을 잘 모르고 그런 평가를 했을 것입니다. 내가 볼 때 구천은 파렴치한보다 **냉혈한**에 더 가까웠습니다. 그가 초인적으로 굴욕을 참아낸 것도 그렇습니다. 이는 아무나 흉내 낼 수 있는 게 아닙니다. 그는 천하를 거머쥐려 할 때는 **굴신인욕**(屈身忍辱)의 모습을 보였고, 천하를 거머쥔 뒤에는 눈 하나 까딱하지 않고 자신의 신하를 토사구팽했습니다. 동서고금의 전 역사를 통틀어 봐도 이처럼 냉혈한 같은 짓을 한 사람은 유례를 찾기가 어렵습니다.

　　이번에는 배심원석까지 웅성거렸다.

"맞아, 구천이 냉혈한인 것은 부인할 수 없는 사실이야!"

"그래그래, 일반 사람은 감히 상상도 못할 일이잖아?"

　　방청석과 배심원석이 크게 동요하자, 강패도 변호사가 벌떡 일어났다.

강패도 변호사　　이의 있습니다! 피고 측 변호인은 유도 신문을 통해 피고를 냉혈한으로 몰고 있습니다.

판사　　기각합니다. 논리적인 변론이라면 크게 문제 삼을 게 없습니다.

　강패도 변호사의 얼굴이 붉어졌다. 그냥 물러설 수는 없다는 듯
판사 쪽으로 몸을 돌리며 말했다.

강패도 변호사　　존경하는 판사님, 원고 측의 주장은 너무 일방적입
니다. 피고에게 해명할 기회를 주시기 바랍니다.
판사　　네, 그렇게 하세요.

　강패도 변호사가 피고 구천에게 문종의 증언에 대한 소감을 묻자
구천이 격앙된 어조로 대답했다.

구천　증인의 증언은 사실과 다르오. 나는 원고 부차가 목숨을 끊었을 때 정중히 예를 갖춰 장사를 지내 준 것은 물론이고 원고를 패망으로 이끈 간신 백비를 베어 죽였소. 나는 결코 냉혈한이 아니오. 내가 문종을 토사구팽한 것은 그가 군주를 위협할 정도로 위세를 지닌 데다, 지나치게 꾀가 많았기 때문이오. 만일 당시에 그가 모든 관직을 내놓고 쉬겠다고 말했다면 나는 그가 여생을 편히 보낼 수 있도록 세심히 배려해 주었을 거요. 그러나 그는 범려가 벼슬을 내놓고 떠난 후에도 결코 그런 말을 하지 않았소. 내가 일찍 죽기라도 하면 월나라는 문종에게 휘둘릴지도 모를 일이었소. 그래서 그를 제거한 거요. 토사구팽의 결과만 보고 나를 매도하는 것은 나도 참을 수 없소이다.

강패도 변호사　맞습니다! 역사적으로도 이 같은 경우는 흔하게 볼 수 있습니다.

구천　한나라 유방은 나라를 세울 때 공이 컸던 신하를 거의 다 죽이는 등 나보다 훨씬 더 심한 토사구팽을 했소. 명나라를 세운 주원장의 경우는 더 했지. 이것이 무얼 뜻하는 거겠소? 천하를 통일하려면 힘 있는 공신을 그대로 둘 수 없다는 게요. 크게 보면 부차가 오자서를 제거한 것도 같은 맥락일 것이오. 그리고 토사구팽의 시초는 내가 아니라 부차요. 결과만 놓고 나를 냉혈한으로 모는 것은 지나친 처사요.

　방청석이 다시 술렁였다.

"피고 구천의 얘기도 일리는 있어!"

"무슨 소리야? 저건 변명에 지나지 않아!"

판사가 이내 장내를 정리하고 나섰다.

판사　이제 시간이 되었으니 이만 재판을 정리하는 게 좋겠습니다. 양측 모두 하고 싶은 얘기를 거의 다 한 것 같군요. 오늘 세 번째 재판에서는 구천이 왜 와신상담과 토사구팽을 했는지에 관해 알아보았습니다. 저와 배심원 모두 양측의 주장을 충분히 들은 만큼, 신중히 고려해 판결을 내리겠습니다. 그럼 잠시 후 원고와 피고의 최후 진술을 듣도록 하겠습니다. 이상 재판을 마칩니다.

땅, 땅, 땅!

다알지 기자

안녕하십니까, 법정 뉴스 시청자 여러분. 부차 대 구천의 3차 재판이 지금 막 끝났습니다. 오늘 재판에서는 피고 구천에 대한 여러 이야기가 오갔는데요. 피고와 관련해 어떻게 와신상담과 토사구팽이라는 말이 나왔는지 증인 범려와 문종의 증언을 통해 알아보았습니다. 범려는 피고 구천이 '왕도와 동떨어진 패도'를 구사한 것은 당시의 혼란스러운 시대 상황 때문에 어쩔 수 없었다고 말하며, 구천이 패자가 된 후에는 '왕도에 가까운 패도'를 했다고 증언했습니다. 그런데 문종은 구천에게 토사구팽 당한 사실을 증언했지요. 아주 흥미로운 재판이었는데요, 마지막 날이니만큼 원고와 피고에게 오늘 재판에 대한 소감을 묻도록 하겠습니다. 먼저 원고 부차를 모셨습니다. 오늘 재판을 어떻게 보십니까?

부차

　오늘 우리 제왕도 변호사가 나를 대신해
아주 수고해 주었어요. 증인으로 나온 범려도
얼핏 이야기했지만, 아무리 어지러운 시기라 할지
라도 최소한의 신의와 예의는 지켜야 한다고 생각하오. 하지만 구천은
일말의 신의도 없는 파렴치한이었지. 비열한 수법으로 패자의 자리에
오른 것도 모자라 자신에게 한없는 충성을 바친 대부 문종을 가차 없
이 토사구팽의 제물로 삼았잖소. 문종이 증인으로 나와 증언했다시피
그는 천하를 거머쥐려 할 때는 비굴했고, 천하를 거머쥔 뒤에는 눈 하
나 까딱하지 않고 신하를 없애 버렸소. 『춘추좌전』에서는 구천을 뱀처
럼 냉혹한 사람이라 말했는데 딱 맞는 표현인 것 같소이다.

구천

　　'똥 묻은 개가 겨 묻은 개 나무란다'더니 나 참,
어이가 없어서 혼났소. 토사구팽의 시초는 내가 아
니라 부차요. 부차가 오자서를 제거한 것이 토사구팽이
아니면 뭐란 말이오? 그리고 부차는 계속 내가 비열한 방법으로 승리
를 거뒀다고 말하는데, 당시는 전쟁이 끊이지 않던 춘추 전국 시대였
소. 혼란스러운 상황에서 수단과 방법을 가리지 않고 승리를 거둔 것
이 뭐 그리 큰 잘못이겠소. 내가 문종을 내친 것은 그가 군주를 위협할
정도의 위세를 지닌 데다, 지나치게 꾀가 많았기 때문이오. 문종의 죽
음만을 보고 나를 냉혈한으로 모는 것은 너무 지나친 처사요.

구천은 배은망덕한 냉혈한에 불과하오
vs
부차는 자만심 때문에 멸망한 거요

판사　자, 지금부터 양측의 최후 진술을 들어 볼까요? 원고와 피고는 모두 깊이 생각한 뒤에 신중히 말해 주시기 바랍니다. 그럼 먼저 원고 부차부터 말씀하세요.

부차　존경하는 판사님, 그리고 배심원 여러분. 피고 구천은 비열한 기만술로 나를 구렁텅이에 빠뜨린 뒤 패자의 반열에 오른 자요. 나는 그를 동정했다가 배반당해 스스로 목숨을 끊은 비극의 주인공이지요. 우리 오나라가 패했을 때, 구천이 내게 측근 몇 사람만 데리고 외딴 섬으로 들어가 여생을 보내라고 한 것은 배은망덕의 극치가 아닐 수 없소. 그래서 나는 깨끗이 삶을 포기하고 죽음을 선택했소이다. 한때 천하를 호령한 패자로서 구차하게 목숨을 구걸하느니 차라리 스스로 목숨을 끊는 게 낫다고 판단한 것이오.

존경하는 판사님, 그리고 배심원 여러분! 최근 중국에서 나를 새롭게 평가하는 것에 주목해 주기 바라오. 베이징 대학의 예쯔청(葉自成) 교수는 나의 '왕도에 가까운 패도'를 높이 평가했소. "목적을 이루기 위해 도덕규범을 전혀 고려하지 않는 도광양회(韜光養晦)는 주의할 필요가 있다. 음모와 거짓된 계략은 국가 간에 쓰이는 것이기는 하나 이런 전략으로는 큰 목적을 이룰 수 없다. 이제 중국은 세계를 향해 대국이 될 것임을 당당히 말하고, 평화롭게 지내는 나라가 되어야 한다"라고 말이지요.

2000년대 들어 중국에서 후진타오(胡錦濤) 정부가 들어선 후 평화를 중요시하는 화평굴기(和平崛起)가 국가의 기본 전략으로 채택된 것은 바로 이 때문이오. '화평굴기'는 바로 내가 구현한 '왕도에 가까운 패도'를 뜻하는 것이오. 원래 '도광양회' 전략은 1980년대인 덩샤오핑(鄧小平) 때 처음으로 나왔소. 이후 덩샤오핑의 지원에 힘입어 '도광양회'는 중국의 기본적인 세계 전략이 되었소이다. 이는 구천이 구사한 '왕도와 동떨어진 패도'와 맥을 같이하는 것이오. 21세기에 들어 '도광양회'와 '화평굴기'가 다시 대립하는 것은 왕도와 패도를 둘러싼 오월 시대의 이념 대립이 재탄생한 거라 볼 수 있소. 나와 구천의 대립이 2000년의 세월을 건너 지속되고 있는 셈이오.

존경하는 판사님, 그리고 배심원 여러분! 21세기 현재 왕도를 상징하는 '화평굴기'와 패도를 강조하는 '도광양회' 중 과연 어느 것이

구천은 은혜를 원수로 갚은 배은망덕한 자요. 게다가 그가 구사한 '왕도와 동떨어진 패도'는 한계가 있소. 그런 그가 춘추 5패의 일원으로 인정받다니…! 부디 세계 각국의 최근 동향을 고려해 현명한 판단을 내려 주기를 기대하오.

강자들의 치열한 각축 속에서 살아남기 위해서는 은밀히 내실을 다질 수밖에 없었소. 오나라는 부차의 자만심으로 인해 패망한 거요. 그런데 엉뚱하게도 나에게 모든 책임을 뒤집어씌우는군!

세계인의 지지를 받고 있습니까? 피고 구천이 구사한 '왕도와 동떨어진 패도'는 한계가 있을 수밖에 없소. 그러니 세계 각국의 동향을 함께 살펴 부디 현명한 판단을 내려 주기를 기대하는 바이오.

구천 존경하는 판사님, 그리고 배심원 여러분! 먼저 원고의 최후 진술을 짚고 넘어가고 싶소. 원고 측은 '화평굴기' 전략이 마치 '도광양회' 전략을 대체한 것처럼 주장하고 있으나, 이는 사실과 다르오. 최근 중국에서 '화평굴기' 전략에 대한 반론이 쏟아지는 게 그 증거요. 이들의 주장에 따르면 중국은 덩샤오핑이 추진한 '신중국 건설'

을 위해서라도 앞으로 100년 동안은 '도광양회'를 지속해야 한다고 했소.

부차의 주장처럼 '왕도의 세계 질서'를 만들려면 당분간은 '도광양회'의 전략으로 수십 년 동안 지속적인 고속 성장을 이루는 것이 필요하오. 이것이 서구 열강의 견제를 최소화하고 대등한 실력을 쌓을 수 있는 유일한 길이기 때문이오.

대적할 수 없는 상황에서 섣불리 어깨를 나란히 하고자 하면 그 결과가 어떻겠소? 모든 것은 다 때가 있는 법이오. 내실을 다지며 절호의 기회가 올 때까지 참고 기다려야 하오. 사마천을 비롯한 후대의 역사가들이 나를 높이 평가한 이유가 여기에 있소.

개인이든 국가든 힘이 약한 자가 강자들의 치열한 각축 속에서 살아남기 위해서는 내실을 다지며 은밀히 힘을 비축하는 수밖에 없소. 부차는 자만심으로 인해 패망하고도 엉뚱하게 나에게 모든 책임을 뒤집어씌우려 하는구려. 하지만 나는 결코 비열한 사기꾼도 아니고, 역사의 죄인은 더더욱 아니오. 내가 와신상담으로 '도광양회' 전략을 구사하게 된 배경을 감안해 현명하게 판단해 주기 바라오. 이상이오.

판사　양측의 최후 진술을 잘 들었습니다. 자, 3차 재판까지 오는 동안 원고 측과 피고 측, 그리고 배심원 여러분 모두 수고가 많았습니다. 배심원의 평결서를 참조하여 4주 후에 최종 판결을 내리도록 하겠습니다. 이상, 부차 대 구천의 재판을 모두 마칩니다.

땅, 땅, 땅!

역사공화국 세계사법정 재판 번호 08 부차 VS 구천

주문

역사공화국 세계사법정은 부차가 구천을 상대로 제기한 '패자 확인의 소'에 관한 청구를 기각한다.

판결 이유

'오월 시대'는 춘추 시대와 전국 시대의 특징이 다 같이 드러난 독특한 시기였다. 춘추 시대 전기의 '왕도에 가까운 패도'와 전국 시대의 '왕도와 동떨어진 패도'가 공존했기 때문이다. 원고 부차처럼 '왕도에 가까운 패도'를 구사하는 것이 옳은 일인지, 아니면 피고 구천처럼 수단 방법을 가리지 않고 '왕도와 동떨어진 패도'를 구사해 패자가 되는 게 옳은 일인지 판단하기가 쉽지 않다.

하지만 재판에 나온 증거와 증언, 변론을 종합해 볼 때 피고 구천이 구사한 '왕도와 동떨어진 패도'는 인간의 신뢰를 악용했다는 점에서 도덕적 비난을 살 만한 소지가 있다. 그러나 '오월 시대'의 과도기적인 특성을 고려할 때 피고 구천이 역사의 죄인이라는 원고의 주장은 받아들이기 어렵다. 오히려 나라와 백성을 살리기 위해 피고가 와신상담한 점 등은 높이 평가받을 만하다.

본 법정은 '오월 시대'를 대표하는 원고 부차와 피고 구천이 진정한 패자를 가려 달라는 이번 사건을 맡게 된 것에 대해 커다란 자부심과 함께 무거운 책임감을 느끼지 않을 수 없다. 비록 원고의 청구를 기각하는 판결을 내리기는 했으나 원고의 억울함은 충분히 이해하는 바이다.

원고 부차는 왕도에 가깝고자 노력한 자신의 진의가 더 많은 사람들에게 인정받을 때까지 인내하며 기다릴 필요가 있다. 나아가 피고 구천 역시 '왕도와 동떨어진 패도'를 구사함으로써 비판받은 점을 고려해 겸허한 자세로 한 번쯤 자신이 행한 패도를 돌아보기 바란다.

역사공화국 세계사법정 담당 판사 정역사

"난세에 왕도만을 주장하는 것은 무모한 일이지요"

부차 대 구천의 재판이 끝난 어느 날, 강패도 변호사는 사무실 탁자에 어지럽게 놓인 책들을 정리하고 있었다. 밤마다 산더미처럼 쌓인 중국 역사서를 읽으며 변론 준비를 해 온 강패도 변호사. 그가 막 책 한 무더기를 들어 책장으로 나르려던 찰나, 전화벨이 울렸다.

"아이쿠, 깜짝이야!"

강패도 변호사는 늦은 밤에 울리는 전화벨 소리에 놀라, 들고 있던 책들을 떨어뜨렸다. 딱딱한 책등이 그의 발등을 찍었다.

"아이고, 아야! 이 밤중에 누구야!"

그는 한 발로 쿵쿵 뛰어 전화기 앞에 다가가 신경질적으로 수화기를 들었다.

"여보세요?"

"아, 강패도 변호사요?"

"네, 그렇습니다만?"

"지난 재판은 잘 봤습니다. 내 한 가지 부탁할 게 있어 전화했어요."

전화를 건 남자가 낮고 차분한 음성으로 말했다.

"그런데 누구시죠?"

"나는 조유라고 합니다."

'조유…… 조유라면, 당나라 때 세상을 다스리는 데 필요한 책략을 담은 『장단경』을 쓴 인물이 아닌가!'

강패도 변호사는 수화기를 들고 가만히 생각했다. 전화를 건 사람도 조용히 기다렸다. 서로의 숨소리만 고요하게 수화기를 통해 들렸다. 잠시의 침묵을 깨고 강패도 변호사가 말했다.

"혹시 『장단경』을 쓴 분인가요?"

"맞습니다."

"휴……."

강패도 변호사는 자신도 모르게 짧게 신음을 냈다. 『장단경』을 읽은 까닭에 조유가 대충 어떤 사람인지 알았기 때문이다.

"저…… 내가 강패도 변호사의 사무실을 한번 찾아가도 되겠소?"

"아, 예. 그러세요."

"그럼 지금 당장 가겠소."

"아, 아니 오늘은 밤이 너무 깊었고, 또…… 제가 좀 피곤하네요."

"아, 그렇소. 그럼 내일 아침에 가지요."

법가

춘추 전국 시대의 혼란스러운 상황에서 도덕보다 법과 형벌로써 나라를 다스려야 한다고 주장했던 학파입니다. 한비지 등이 대표적인 학자이지요.

다음 날, 강패도 변호사가 출근해 사무실에 앉자마자 조유가 찾아왔다. 조유는 적당한 키에 보기 좋게 살집이 있었다. 강패도 변호사가 먼지 쌓인 소파를 탁탁 털며 자리를 권했다.

"여기 앉으세요. 아, 차라도 한잔 대접해야 하는데……."

"괜찮소. 내가 필요하면 청하지요."

강패도 변호사는 조유의 말이 끝나자마자 평소 궁금했던 것을 물었다.

"선생님은 제자백가를 섭렵한 뒤, 역사를 '패도'의 관점에서 해석한 인물로 알려졌습니다. 제가 『장단경』을 읽어 보니 '인간을 배우는 것이 가장 중요하다'고 역설하셨던데요. 그 이유가 뭔가요?"

"사람을 아는 것이 곧 군왕의 길이고, 신하의 길이오. 남을 다스리는 자는 사람들의 재능을 잘 활용하는 것이 중요하지요. 그럼에도 사람들은 대개 자신의 재능만을 활용하려고 하오. 전국 시대 말기에 한비자가 이런 부류의 사람들을 사정없이 질타한 이유가 여기에 있지요."

"그렇다면 조유 선생 역시 한비자와 마찬가지로 **법가**(法家)를 추종하는 것입니까?"

"나는 법가의 이론에 동조하지만 스스로 법가를 자처한 적은 없어요. 법가든, 유가든, 도가든 나라를 다스리고 세상을 평안하게 하는 데 도움이 된다면 가리지 않지. 나는 매사를 관념적인 도덕에 근거해 논의하는 것을 거부하오. 그건 공허하기 짝이 없거든. '아름다운 옥으로 만든 배는 강을 건널 수 없고, 금과 옥으로 만든 활은 화살을 날려 보내지 못한다'는 옛사람들의 말을 상기할 필요가 있지요. 춘추 전국 시대와 같은 난세에 '왕도'만을 주장하는 것은 현실과 동떨어져 있을 뿐 아니라, 무모한 짓이오."

강패도 변호사가 기쁜 표정으로 물었다.

"그렇다면 선생님도 저처럼 난세에는 '패도'를 구사하는 것이 옳다고 주장하시는 것입니까?"

조유가 대답했다.

"그렇소. 난세에는 군자도 **권모술수**를 쓸 줄 알아야만 합니다. 다만 군자의 권모술수는 정의로운 일을 하기 위한 것인 만큼, 자신의 이익을 위해 권모술수를 이용하는 소인과는 달라야겠지요."

"잘 알겠습니다. 맹자보다 순자의 주장에 가까운 듯하네요."

"그렇게 생각해도 될 거요."

강패도 변호사는 자신의 변론을 뒷받침해 주는 조유의 말에 신이 났다.

"지난 재판에 선생님을 증인으로 삼았으면 좋았을 텐데! 그런데 저에게 할 말이 있다고 하셨는데, 그게 무엇입니까?"

"내가 살던 당나라 때는 송나라 때의 성리학자들처럼 맹자를 맹목적으로 추종하는 선비들은 없었소. 그러나 그때 역시 맹자를 추종하는 흐름은 존재했지. 내가 평생 은둔의 삶을 살면서『장단경』을 저술한 이유가 여기에 있소. 이 때문에 아직까지도 난세를 구제하고자 한 나의 진심이 제대로 알려지지 않고 있지요."

"아, 그렇군요."

권모술수
자신의 목적을 달성하기 위해 수단과 방법을 가리지 않는 계략을 뜻해요. 구천이 자신을 살려 줬던 부차를 죽음으로 내몰았던 것처럼 말이지요.

"그래서 말인데, 지금 당장 한유(韓愈)라는 자를 상대로 소장을⋯⋯."

조유가 강패도 변호사에게 바짝 얼굴을 들이밀며 말하자 강패도 변호사는 머리를 긁적이며 몸을 뒤로 뺐다.

"아, 그런데 제가 며칠 좀 쉬고 싶어요. 쉴 없이 몇 차례 재판을 치렀더니⋯⋯."

"무슨 소리요! 의뢰인을 거부하다니. 아주 큰 소송이 될 거요. 분명 내가 승소할 테고!"

왜 월나라 왕은 와신상담했을까?

"압니다, 알아요. 하지만 제가 너무 피곤해서…… 한 몇 주 뒤에 오시면……."

"나는 다급하오!"

조유가 소리를 빽 지르며 일어섰다. 강패도 변호사는 몹시 당황하여 엉거주춤 일어나 조유의 도포 자락을 움켜쥐고 말했다.

"자자, 진정 좀 하세요, 네? 제가 안 맡겠다는 게 아니고, 며칠만 시간을 주시면……."

"이 사람 안 되겠군. 역사공화국에 변호사가 한두 명도 아니고, 내 다른 변호사를 찾아보지!"

조유는 강패도 변호사의 손을 뿌리치더니 사무실 문을 박차고 나갔다. 강패도 변호사는 잠시 멍한 표정으로 사무실 한가운데 서 있었다. 그러다 혼자 손뼉을 한 번 치더니 혼잣말을 했다.

"쳇, 찾아보라지! 역사공화국에 어디 나만큼 믿을 만한 변호사가 있나!"

강패도 변호사는 양손을 허리춤에 대고 어깨를 들썩이며 과장되게 웃었다.

"하하하, 하하하!"

이 소리를 듣고 문밖에서 엘리베이터를 기다리던 조유는 머리를 갸우뚱했다.

'맛이 갔구먼……. 저 사람한테 의뢰하지 않길 잘했어…….'

사오싱!
구천이 와신상담하던 곳

항저우 만 남쪽 닝소 평원에 위치한 사오싱(紹興)은 면적 101km²의 도시로 춘추 전국 시대의 월나라와는 떼려야 뗄 수 없는 관계에 있는 곳입니다. 왜냐하면 춘추 전국 시대에 월 왕 구천에 의해 건설된 월나라의 도읍지였기 때문이지요. 그뿐만 아니라 월 왕 구천이 오 왕 부차에게 당한 수치를 갚아 주고자 와신상담한 곳이기도 하며, 서시의 고향으로 알려진 곳이기도 합니다. 서시는 중국 4대 미인으로 손꼽히는 사람으로, 월 왕의 책사인 범려가 오 왕의 부차를 미인계에 빠뜨리기 위해 특별히 부차에게 보내진 여인이지요.

사오싱은 아름다운 물의 고장이며, 아름다운 경치로 세상에 널리 알려져 있습니다. 그래서 '동양의 베니스'로 불리기도 하지요. 그만큼 사오싱은 전형적인 물의 도시입니다. 때문에 돌 등으로 지어진 많은 다리가 있어요. 200개가 넘는 많은 다리 중 가장 유명한 다리로는 팔자교, 광녕교, 보주교, 사공교 등이 있습니다.

또한 사오싱에서 가장 큰 시

소흥의 팔자교

민공원 중 하나인 부산공원은 월나라의 궁전이 있던 곳이라고 하지요. 그래서 공원 안에는 당시를 돌아볼 수 있는 많은 유적이 남아 있는데, 대표적인 것이 '월왕대', '월왕전', '비익루'입니다. 월왕대는 월나라의 역사를 소개하는 작은 문물 전시관이고, 이것의 북쪽에는 월 왕 구천을 기념하는 월왕전이 있습니다. 월왕전 안에는 당시 역사를 묘사한 그림과 구천은 물론 구천의 책사였던 범려의 얼굴을 그린 것도 있습니다. 그리고 원래 망루의 용도로 지어진 비익루는 현재 사오싱의 전경을 내려다볼 수 있는 전망대의 역할을 하고 있어요.

한나라 때는 지저우라 불렸고, 수나라 때는 우저우로, 당나라 때는 위에저우로 불리다가 남송 때에 사오싱, 즉 소흥으로 바뀌어 지금까지 이렇게 불리고 있는 도시 사오싱은 춘추 시대 월나라의 역사가 살아 숨 쉬는 도시입니다.

부산공원

월왕전 벽화

『역사공화국 세계사법정 08 왜 월나라 왕은 와신상담했을까?』와 관련한 논술 문제를 풀어 봅시다.

※ 다음 제시문을 읽고 물음에 답하시오.

(가) 토사구팽(兎死狗烹) : 오나라에게 복수하는 데에 큰 공을 세운 책사 범려는 친구에게 편지를 보내고 사라집니다. 그 편지 속 내용은 '교활한 토끼가 죽고 나면 사냥개를 삶아 먹는 것처럼 적국이 망하면 공신들이 죽음을 면치 못하는 법이다'라는 것이었지요.

(나) 오월동주(吳越同舟) : 예전부터 사이가 나쁜 오나라 사람과 월나라 사람이 같은 배를 타고 강을 건너고 있었습니다. 그런데 갑자기 강 한복판에 이르렀을 때 강풍이 불어 배가 뒤집히려 한다면 두 사람은 평소의 적개심을 접고 필사적으로 힘을 모으게 됩니다.

(다) 와신상담(臥薪嘗膽) : 오나라 왕 합려는 월나라 왕 구천에게 중상을 입고 패하고 맙니다. 죽기 전 아들인 부차에게 원수를 갚아 줄 것을 부탁하지요. 부차는 들고날 때마다 사람을 시켜 "부차야, 아비의 원수를 잊었느냐"라고 외치도록 하며 설욕을 다짐했습니다. 이후 월 왕인 구천을 포로로 삼게 되고, 구천은 갖은

고역을 겪은 후 목숨만 건지게 되지요. 구천은 장작 위에 자리를 펴고 자기 전후에 쓸개를 핥아 쓴맛을 되새기며 복수를 다짐하고 결국 오나라를 정복하게 됩니다.

1. (가)~(다)는 춘추 전국 시대의 오나라, 월나라와 관련이 있는 고사성어입니다. 이 중 다음과 같은 상황에 가장 알맞은 고사성어는 무엇인지 그 이유와 함께 쓰세요.

> 나는 우리 반 재성이와 사이가 좋지 않습니다. 학기 초부터 이상하게 서로 부딪히더니 지금은 소 닭 보듯 하는 사이가 되었지요. 하지만 어제 있었던 체육대회에서는 달랐습니다. 우리 반이 승리를 거두기 위해 힘을 모아 줄다리기도 하고 공굴리기도 했거든요.

※ 다음 제시문을 읽고 물음에 답하시오.

(가) 간신히 목숨만 건져 귀국한 구천은 잠자리 옆에 쓸개를 매달아 놓고 이 쓸개를 핥으며 자신을 채찍질합니다.

(나) 오나라의 포로가 된 구천은 3년 동안 부차의 밑에서 갖은 궂은 일을 하며 모욕을 당하게 됩니다.

(다) 부차는 가시가 많은 장작 위에 자리를 펴고 자며, 사람이 출입할 때마다 "부차야, 아비의 원수를 잊었느냐!" 하고 외치게 하며 아버지의 원한을 되새겼습니다.

(라) 부차가 원한을 되새기고 있다는 소식을 들은 월나라 왕 구천은 오나라를 쳐들어갔으나 오히려 크게 지고 맙니다.

(마) 20년 뒤, 오나라 부차가 북벌에만 신경을 쏟는 사이 구천은 오나라를 정복합니다.

(바) 합려는 화살에 맞아 심각한 중상을 입었고, 죽기 전 아들인 부차에게 원수를 갚아 달라는 유언을 남겼습니다.

(사) BC 496년 오나라의 왕 합려는 월나라로 쳐들어갔다가 월왕 구천에게 패하였습니다.

(아) 싸움에 패한 월나라 왕인 구천은 어쩔 수 없이 오나라에게 항복을 하고 포로가 됩니다.

2. (가)~(아)는 춘추 전국 시대 오나라와 월나라 간에 있었던 일입니다. 시간 순서에 맞게 배열해 보세요.

왜 월나라 왕은 와신상담했을까?

해답 1 주어진 상황은 사이가 좋지 않은 친구들이 '반의 승리'라는 공통된 목표를 이루기 위해서 힘을 모았다는 내용입니다. 따라서 (나)의 '오월동주'라는 고사성어와 연관이 있습니다. 오월동주 역시 서로 미워하면서도 같은 배를 탄 사람들끼리는 공통의 어려움에 대해서는 협력하는 경우를 비유하는 말이기 때문이지요.

해답 2 오나라와 월나라 간에 있었던 일을 시간 순서에 맞게 정렬하면 (사) – (바) – (다) – (라) – (아) – (나) – (가) – (마)가 됩니다. 오나라의 합려가 아들인 부차에게 유언을 남기고 부차가 복수를 다짐하는 내용이 먼저 오고, 부차의 속셈을 안 구천이 쳐들어가지만 결국 패하여 포로가 된 내용이 이어서 와야 합니다. 그리고 구천이 복수를 다짐하는 내용이 이어져야 하지요.

* 해답은 예시로 제시된 내용입니다.

역사공화국 세계사법정 08

왜 월나라 왕은 와신상담했을까?

© 신동준, 2010

초   판 1쇄 발행일 2010년 9월 30일
개정판 1쇄 발행일 2013년 10월 18일
개정판 4쇄 발행일 2021년 10월 12일

지은이   신동준
그린이   박종호
펴낸이   정은영

펴낸곳   (주)자음과모음
출판등록   2001년 11월 28일 제2001-000259호
주소   10881 경기도 파주시 회동길 325-20
전화   편집부 (02) 324-2347 경영지원부 (02) 325-6047
팩스   편집부 (02) 324-2348 경영지원부 (02) 2648-1311
이메일   jamoteen@jamobook.com

ISBN 978-89-544-2408-0 (44900)